U0113276

国际工程教育丛书

孙永福　朱高峰　王孙禺　乔伟峰　姚　威　编著

一带一路：
工程科技人才培养与人文交流研究

清华大学出版社

北京

图书在版编目(CIP)数据

一带一路:工程科技人才培养与人文交流研究/孙永福等编著.—北京:清华大学出版社,2022.11

(国际工程教育丛书)

ISBN 978-7-302-61174-5

Ⅰ.①一… Ⅱ.①孙… Ⅲ.①高等教育-工科(教育)-人才培养-研究-中国 ②高等教育-工科(教育)-文化交流-研究-中国 Ⅳ.①G649.2

中国版本图书馆 CIP 数据核字(2022)第 110411 号

责任编辑:马庆洲
封面设计:常雪影
责任校对:赵丽敏
责任印制:朱雨萌

出版发行:清华大学出版社
网   址:http://www.tup.com.cn,http://www.wqbook.com
地   址:北京清华大学学研大厦 A 座   邮   编:100084
社 总 机:010-83470000   邮   购:010-62786544
投稿与读者服务:010-62776969,c-service@tup.tsinghua.edu.cn
质量反馈:010-62772015,zhiliang@tup.tsinghua.edu.cn
印 装 者:小森印刷霸州有限公司
经   销:全国新华书店
开   本:165mm×240mm   印   张:11.25   字   数:183 千字
版   次:2022 年 11 月第 1 版   印   次:2022 年 11 月第 1 次印刷
定   价:68.00 元

产品编号:096660-01

本书由中国工程院咨询中心资助

总　　序

近年来,中国工程院针对工程科技咨询,开展了"工程教育改革与发展研究""创新型工程科技人才培养研究""建立具有国际实质等效性的中国高等工程教育专业认证制度研究""院校工程教育的工程性与创新性问题研究""工程教育专业认证制度与工程师注册制度衔接问题的研究""国际工程教育合作战略研究""'一带一路'工程科技人才培养及人文交流研究""构建工程能力建设研究"等一系列课题研究。这些研究具有重要的理论意义和现实意义,是加快我国创新型国家建设的迫切需要,是推动工程师培养制度改革的需要,是促进工程科技人才培养与人文交流的需要。这些课题的研究有利于提出相关政策建议,对于深化工程科技人才培养、鼓励和引导工程科技人才成长具有重要的战略意义。

特别要强调的是,在中国工程院和清华大学的共同申请和推动下,2015 年11 月经联合国教科文组织(UNESCO)第 38 届大会批准,2016 年 6 月联合国教科文组织国际工程教育中心(ICEE)在北京正式签约成立。该工程教育中心以联合国教科文组织"可持续发展"的宗旨和原则为指导,以推动建设平等、包容、发展、共赢的全球工程教育共同体为长期愿景,围绕提升全球工程教育质量与促进教育公平的核心使命,致力于建成智库型的研究咨询中心、高水平的人才培养基地和国际化的交流合作平台。

目前,国际工程教育中心研究人员已牵头承担或作为核心成员参与联合国教科文组织、中国工程院、国家自然科学基金委、国家教育部委托的重大咨询研究项目,在提升国际影响力、政策影响力和学术影响力等方面发挥越来越大的作用。

为了更好地反映国际工程教育发展的过程和趋势，反映国际工程教育中心的研究成果，拟将近年来完成的报告、论文等汇集出版。

尽管这些报告或论文有些数据略早，但这些资料真实地记录了近些年我国工程教育研究的发展进程。这些成果作为工程教育的研究方法和政策过程有一定的回顾意义，反映了我国工程教育发展进程中的历史价值，以供后来者对工程教育研究历史进行梳理和追溯。

当前，世界处于百年未有之大变局中，工程科技突飞猛进既是百年变局的一项基本内容，也是百年变局的基本推动力量。全球科技创新已经进入空前密集活跃的时期，这对于工程领域人才培养和人文交流模式变革，对于提高国家竞争实力都提出了非常迫切和现实的要求。可以说，这就是我们编写和出版此套丛书的意义所在。

工程教育界的同仁们，我们共同努力再努力！

2021 年 4 月于北京

[吴启迪，教授，联合国教科文组织国际工程教育中心（ICEE）副理事长兼中心主任，清华大学工程教育研究中心主任，曾任教育部副部长，同济大学校长等职。]

目　　录

第一章 引 言

构建人类命运共同体是中国共产党对当代世界格局发展的重要理论贡献,"一带一路"倡议是通过共商、共建、共享推进构建人类命运共同体的伟大实践。

一、构建人类命运共同体是"一带一路"倡议的最终目标

(一) 人类命运共同体理念

2017 年 2 月,联合国社会发展委员会第五十五届会议协商一致通过《非洲发展新伙伴关系的社会层面》决议,"构建人类命运共同体"理念首次被写入联合国决议中。这一行动表明,"构建人类命运共同体"理念已经得到联合国广大会员国的普遍认同,彰显了中国对全球治理的巨大贡献①。

人类命运共同体,指在追求本国利益时兼顾他国合理关切,在谋求本国发展中促进各国共同发展,反映了人类利益的总体需求。"命运共同体"是近年来中国政府反复强调的关于人类社会的新理念。"一带一路"倡议反映了沿线国家的利益诉求和发展需要。"一带一路"倡议中提出以合作共赢为核心,倡导构建人类命运共同体等理念和举措。

人类命运共同体的时代背景是世界多极化、经济全球化、文化多样化以及信息全球化。世界多极化,才能具有更大包容性,促使世界更加平衡与和谐。经济全球化的潮流成为人们的共识,全球的产业分工与协作,资本、人员、信息

---

① 人类命运共同体理念成为广泛共识[N].人民日报,2017-02-14(03).

的全球流动，都使得经济全球间联系更加紧密。文化多样化，使得世界各地的文明得到尊重，文化之间交流与互鉴，才能更好地创新发展文化。大数据时代，信息以前所未有的速度和数量在全球传递。

正是在不同领域的全球化紧密联系当中，各国面临着共同的挑战与发展困难，如生态环境恶化、能源资源短缺、人口压力、信息安全、网络治理等，这将世界各国的命运紧紧联系在一起。因此，构建人类命运共同体具有现实性内容，如国际多边合作共同体、安全共同体、经济合作共同体、生态共同体等。

建设人类命运共同体要构建生态命运共同体。人类面临着全球性的环境污染，极端气候变化的生存威胁，各国需要合作开展全球的生态环境治理。"一带一路"建设促使沿线国家在产能提升、发展绿色经济等方面开展合作，有效降低经济社会发展对自然环境的破坏，使得生态文明理念在"一带一路"沿线各国得以认可和推广。

建设人类命运共同体要坚持平等共商和共赢共享的原则。当前，贸易保护主义、单边主义、反全球化思潮给世界的发展带来了不确定因素。少数国家沿用恃强凌弱的旧观念，破坏国家关系的公平正义规则，必须要转变"西方中心主义"思维。为此，面对人类共同的挑战，各国要加强沟通协作，构建开放型的世界经济，以平等共商和共赢共享的原则构建全球治理体系。"一带一路"充分体现创新的全球治理观，各方利益得到尊重和充分表达，开展平等协商，实现共赢共享。"一带一路"建设越是成果显著，中国参与并在某些领域引领全球治理就越有战略底气，越有吸引力、感召力和凝聚力，从而有利于实现构建人类命运共同体的目标①。

联合国秘书长古特雷斯提出，"一带一路"倡议有利于联合国实现《2030年可持续发展议程》，作为开展南南合作的良好典范，解决了目前许多封闭经济体难以解决的发展难题。

在未来，人类命运共同体能够推动区域和世界的多极化发展。人类命运共同体和"一带一路"与周边国家的一些区域战略有高度的对接可能性，如俄罗斯提出的"跨欧亚发展带"、哈萨克斯坦的"光明之路"、东盟的"东盟互联互通总体规划"、土耳其的"中部走廊"、欧盟的"容克计划"等区域战略，从而形

---

① 陈积敏. 构建人类命运共同体思想论析[J]. 和平与发展，2018(4)：11.

成一个整体上相互契合的区域合作机制。因此,"一带一路"倡议是实践人类命运共同体理念和有关各国实现共同发展的巨大合作平台。

(二) 新时代的国家发展方略

党的十九大报告提出了新时代坚持和发展中国特色社会主义的基本方略,并被概括为"十四个坚持",其中包括"坚持新发展理念""坚持推动构建人类命运共同体"。党的十九大报告的最核心内容概括为"八个明确",其中"明确中国特色大国外交要推动构建新型国际关系,推动构建人类命运共同体"①。这是我国政府在新时代的背景下,提出的目标任务与战略部署。

将习近平总书记新时代"创新、协调、绿色、开放、共享"发展新理念,贯穿在中国特色社会主义建设各项发展战略之中,引领"一带一路"经济命运共同体的发展。在"一带一路"建设中,中国本着开放和共享理念,推动经济全球化进程和创新全球治理,不断扩大全球的经济发展空间,使得区域内经济、区域间经济与世界经济共同发展、联动发展。

中国需要按照新时代发展方略的要求,成为国际市场增量的提供者,利用自己的生产要素,撬动"一带一路"沿线沉寂市场②。中国将本着共商、共建、共享的原则,引领和组织沿线经济体共同投入生产要素,开发落后市场的经济活动,使不同国家和地区能够凭借比较优势占据全球价值链的各自位置,从而将以前被边缘化的国家和地区,即"经济孤岛"激活为全球经济的联结点,使得这些国家能够参与到全球化经济体系当中,获得共同繁荣与发展。

为实现构建人类命运共同体发展方略,要抓住历史机遇。"一带一路"工程科技人才培养是一条有益的路径,通过人才培养促进科技、产业以及沿线国家的合作发展。在新时代中国特色社会主义理论指导下,工程科技人才培养及人文交流将对"一带一路"发挥积极的作用。

(三) 推动共建"一带一路"向高质量发展转变。

习近平总书记在博鳌亚洲论坛 2018 年年会开幕式上的主旨演讲中指出,"只要各方秉持和遵循共商共建共享的原则,就一定能增进合作、化解分歧,把

---

① 叶晓楠.确立新思想 实施新方略[N].人民日报海外版,2017-11-14(05).
② 刘顺厚.新时代高扬文化自信伟大旗帜[J].经济,2018(11):80.

'一带一路'打造成为顺应经济全球化潮流的最广泛国际合作平台"①。

"一带一路"倡议要成为顺应经济全球化潮流的最广泛国际合作平台,需要互利共赢、协同联动、务实行动。"一带一路"建设推动建立系统的国际服务平台和互利共赢的机制,协调各方相向而行。"一带一路"建设既需要增进商贸往来、产业投资,也需要建设基础设施项目和各种服务平台,还需要共同做好风险评估和应急处理,强化安全保障。中国将继续秉持共商共建共享的全球治理观,为推动构建人类命运共同体贡献中国智慧和中国方案,推动建设持久和平、普遍安全、共同繁荣、开放包容、清洁美丽的世界。

习近平总书记指出,经过夯基垒台、立柱架梁的5年,共建"一带一路"正在向落地生根、持久发展的阶段迈进。在保持健康良性发展势头的基础上,推动共建"一带一路"向高质量发展转变②。在"一带一路"工程科技人才培养方面,要重视对工程科技人才的培养质量,朝着内涵式的方向发展。

我们要以共建"一带一路"为重点,同各方一道打造国际合作新平台,为世界共同发展增添新动力③。

二、工程科技进步和创新成为推动人类社会发展的重要引擎

(一) 工程科技推动全球可持续发展,共同繁荣是目的

"一带一路"倡议基于全球共同繁荣的理念。联合国2030年17项可持续发展目标中,有10项(3、4、6、7、9、11、12、13、14、15)与工程科技发展直接相关(见图1)。工程科技在"一带一路"建设中的紧密融合,为工程科技人才培养、人才流动、智库合作等搭建了新平台,开辟了新渠道。

发展科学技术是人类应对全球重大挑战、实现可持续发展的战略选择。工程科技进步和创新对经济社会发展的主导作用更加突出,不仅成为推动社会生产力发展和劳动生产率提升的决定性因素,而且成为推动教育体育、健康医疗、文化艺术等事业发展的重要力量。

共创人类美好未来,是人类发展工程科技的强大动力源泉。各国之间应加

---

① 习近平. 开放共创繁荣创新引领未来——在博鳌亚洲论坛2018年年会开幕式上的主旨演讲. 新华网,2018-04-10.

② 习近平:推动共建"一带一路"走深走实[N]. 人民日报海外版,2018-08-28(01).

③ 习近平. 在庆祝改革开放四十周年大会上的讲话[N]. 中国青年报,2018-12-19(01).

图 1 联合国可持续发展目标（SDGs）

资料来源：联合国教科文组织国际工程教育中心提供

强重大科技工程合作，开展对未来发展、人类健康、应对气候变化等更有利的国际大科技合作工程，从而实现工程科技推动全球可持续发展和各国的共同繁荣。

（二）工程科技支撑"一带一路"建设，人才培养是关键

"一带一路"建设，智力要先行，人才培养是关键。"一带一路"需要大量的工程科技和工程管理人才去建设，这对工程科技人才培养的规模、层次、知识、能力、素质，对工程师国际视野、跨文化沟通交流、工程伦理、国际法规等在内的全球胜任力等，都提出了更高的要求。在"一带一路"建设的历史新时期，迫切需要培养一大批多层次、多类型、多样性的工程科技人才，这是具有基础性、先导性的重大问题，对以工程科技支撑"一带一路"建设的最终成效具有重大影响。国家需要对工程科技领域的人才培养、人才流动进行统筹考虑，加强顶层战略设计。

当前，工程科技人才的国际化培养，特别是直接服务于"一带一路"建设的人才培养还处于初级阶段，与"一带一路"建设的总体要求还有较大差距。因此，进一步加强工程科技人才培养，提高对支撑"一带一路"建设存在的机遇和挑战的认识，为国家顶层设计提出政策建议，具有重要的现实意义。

（三）工程科技支撑"一带一路"建设，人文交流是基础

互联互通、产能合作和人文交流是中国与沿线国家或地区共建"一带一

路"的三大支柱。人文交流是深化国际关系的"基础设施"，是推进民间友好的"民心工程"，是连接各国人民全面深入对话的重要桥梁。2017 年 7 月，习近平总书记主持召开中央全面深化改革领导小组第三十七次会议，审议通过了《关于加强和改进中外人文交流工作的若干意见》。会议强调"将人文交流理念贯彻到对外交往的各个领域"。工程科技作为推进"一带一路"基础设施互联互通的智力基础，应该探索将人文交流理念贯彻其中。

"一带一路"建设，民心要相通，人文交流是核心。"一带一路"建设，加强了国家间的人文互通，为构建人类命运共同体注入人文内涵。正如美国耶鲁大学教授瓦莱丽·汉森所言，丝绸之路之所以改变了历史，很大程度上是因为在丝绸之路上穿行的人们把他们各自的文化，像其带往远方的异国香料种子一样沿途撒播。而今，在共建"一带一路"的大道上，文化的播撒日益频繁，文明的对话日益深入，正绘就民心相通的美好画卷。从身走近，到心走近，"一带一路"建设同时架设起文明的桥梁、友谊的纽带，使人类命运共同体意识越来越深入人心。① "人同此心，心同此理"，以人为本、凝聚共识往往可以打破地理的界限。因此，"一带一路"应建立在人的需求和尊严基础上，建立在合作共赢、互助互学的基础上，并以此为起点，着力文化沟通。文化差异是"一带一路"沿线国家的最大差异，文化融合是最要紧的融合，文化交流与合作是建设"一带一路"的题中应有之义。以文化为桥梁，可以更好引领沿线各国、各领域、各阶层、各宗教信仰的交流合作。

三、工程科技人才培养和人文交流成为急需解决的问题

目前，随着"一带一路"建设的实施，我国经济、政治、文化、教育等发展进入了新阶段，人才培养成为急需解决的问题。在新时期、新平台、新起点上，探讨国际工程科技人才的素质、能力培养以及国际合作中的人文交流问题，为中国和"一带一路"沿线国家培养新型工程科技人才提供理论和实践支持具有重要意义。

（一）"一带一路"倡议对工程科技人才培养的影响

本专题主要是对实施"一带一路"对工程师培养的需求进行研究，同时明

---

① 国纪平.构建人类命运共同体的伟大实践——"一带一路"倡议 5 周年[N].人民日报，2018-10-05.

确我国工程教育主动适应和积极推动"一带一路"实施需要解决的若干重大问题,并为服务"一带一路",推动工程科技人才培养与人文交流,提出若干重大政策建议,进而对其依据和可行性进行分析。

本书拟从国际比较的视角,重点分析实施"一带一路"倡议对全球和本土工程师培养提出的科技素质、人文素质和国际交流能力的新要求。包括对我国和"一带一路"重要项目涉及的国家、特别是发展中国家工程科技人才培养的规模、层次以及对知识、能力、素质等方面的要求,也包括对工程师国际视野、跨文化沟通协作能力、工程伦理、国际法规等在内的全球胜任力方面的要求等。

此外,从人力资源开发对经济社会发展的支撑作用,工程人才培养与产业升级转型的互动关系出发,本书还将探讨"一带一路"对院校工程教育、继续工程教育带来的新需求与新机遇;当前工程科技人才培养在人才培养模式、师资队伍建设、产学合作机制、国际合作办学、在岗在职培训、创新创业教育、教育技术应用、质量保障体系建设等方面存在的瓶颈性问题,以及"一带一路"背景下工程教育改革的重点或领先领域等。

同时,为更好地了解"一带一路"和"走出去、请进来"实施过程中的问题和经验,选取科技领域重大工程进行工程科技人才培养分析,包括如何加强相关机构间的协同合作、捆绑服务、提高效率效益等。

(二)高水平共建"一带一路"背景下对工程领域人文交流的探讨

本书主要内容有:中国工程精神与工程文化研究;"一带一路"背景下工程科技领域人文交流的内涵研究;"一带一路"背景下工程科技人文交流的主要举措研究。同时,选取工程科技领域人文交流的典型案例进行分析,探讨针对不同国家文化传统、价值观念、传统习俗、习惯礼仪等人文交流中的问题,对于更好地总结和提炼我国若干重大工程项目中体现出的中国工程精神与工程文化,对于实施"一带一路"有重大的实践意义。本书的主要目标是进一步明确工程科技领域的人文交流新渠道与新举措。

此外,从国家软实力建设的角度,着眼长远,将工程科技人才培养延伸到更为广泛的人文交流领域,总结和提炼中国工程精神与中国文化,对于中国"一带一路"实施过程中传播"工程造福民众,工程支撑发展"的价值观念具有的意义。

（三）推动工程科技人才培养与人文交流政策制定

本书主要针对"一带一路"工程科技人才培养与人文交流的重要问题提出政策建议，特别是国家重点企业实施"一带一路"中的国际合作、人文交流的成功经验、存在问题、策略调整等，以利于"一带一路"更加顺利、更加健康地实施，主要内容有：中国工程教育和工程师培养的发展战略，包括近期、中期、远期的发展理念与基本方向；中国工程科技人才培养的若干新举措，着眼于"一带一路"的当下需求和未来发展，就工程科技人才培养与工程科技领域的人文交流，以及具有战略性的关键问题提出建议。

近年来，我国重点工程项目已经走出国门，有的已经成为"中国名片"，一方面，显示了中国工程及工业发展的实力，提高了国际战略地位；另一方面加强了中国与发展中国家，特别是与"一带一路"国家间的学术交流与人文交流的友好合作。

总而言之，为了服务"一带一路"倡议，我们必须首先明确实施"一带一路"对工程科技人才培养的新要求，分析我国工程科技人才培养与这些新要求不相适应的若干瓶颈性问题，即工程教育改革面临的新挑战，同时选取科技领域重大工程案例进行工程科技人才培养分析；然后，探讨"一带一路"实施中工程科技人才人文交流的新渠道，分析"一带一路"背景下工程科技人文交流的主要举措，并对工程科技人文交流的重大案例进行分析。最后，为服务"一带一路"，推动工程科技人才培养与人文交流，提出若干政策建议。

第二章 "一带一路"工程科技
人才培养及人文交流的新挑战与新要求

在推动"一带一路"建设高质量发展的新阶段,要建成和平之路、繁荣之路、开放之路、创新之路和文明之路,关键在于全面加强工程科技支撑能力,坚持智力先行,促进民心相通,为企业和当地社会赋能,促进"一带一路"走实、走深、走远。

一、"一带一路"工程科技人才培养的新挑战与新机遇

(一)新挑战

研究显示,"一带一路"工程科技人才培养面临许多瓶颈性问题。由于"一带一路"对我国工程科技人才培养的规模、层次、知识、能力、素质方面提出更高的要求,所以对新型工程科技人才的需求十分迫切。然而,目前我国国际化人才培养与"一带一路"建设的总体要求还有很大差距,如不能有效解决这一基础性、先导性问题,工程科技支撑"一带一路"建设将难以持续。

1. 产业升级转型的挑战

产业升级是对传统产业的创新与变革。在产业升级转型过程中,形成对人力资源的新需求,并使得经济结构处于动态调整中,推动产业链从下游走向上游,从而占据全球价值链的中高端。

传统产业主要是指在工业化初级阶段和重化工业阶段发展起来的一系列产业群,在统计分类上大多属于第二产业中的原材料工业以及加工工业中的

轻加工工业[①]。传统产业的发展存在着诸多弊端，传统产业通过产业升级，从而走向现代产业，这是社会经济发展的必然趋势。产业升级是以节约资源和生态保护为导向，长期适应外部市场环境不断开发和创造需求，根据要素禀赋动态变化调整要素投入，融合最新科技革命并通过持续进行技术创新来逐步培养竞争力的过程[②]。产业升级主要表现在以下几个方面：

从过度依赖自然资源转为开发人力资源。长期以来，我国经济增长方式主要是粗放型，这种增长方式过度消耗自然资源，以牺牲环境为代价，是不可持续的发展方式。这些高投入、高消耗的传统产业具有面大量多的特点。按行业分类，规模以上工业企业中，制造业 33 个行业中有 17 个行业属于传统产业，占 51.52%[③]，大部分传统产业面临产能过剩和节能减排的双重压力，实现产业的转型升级是产业结构调整的总体要求。

推进产业升级换代，促进区域经济的全面发展，这些都有赖于人力资本的投入和积累。人力资本是产业结构转型升级的智力支撑，是推动产业结构优化升级的关键要素，其数量、类型和结构影响着产业结构优化升级进程的快慢。随着环境承载能力和人口红利下降，经济发展方向需要从传统产业转型升级为低碳经济产业、信息产业以及智能制造产业等，这些新兴产业和战略产业更多依靠人力资本，需要更多的复合型高科技人才。

从产业结构相对固化转为动态调整。产业升级转型促使产业结构进行不断调整，促进不同产业与同一产业内不同行业进行相互渗透与交叉。例如，互联网+应用到交通运输行业，对人才的交叉领域知识应用提出新要求。当前，传统制造业逐渐向智能化转型，智能制造是个性化与数字化生产模式的结合，其特点是服务型制造与定制化生产。企业需要数字与机械交叉人才、用户界面专家、数据科学家等交叉复合型高端人才。

从全球价值链的低端转向中高端。在全球价值链上，我国产品依靠低廉劳动力获得的竞争优势，处于全球价值链低端。全球价值链是国际分工深化的结果，从物质形态角度来看，它是由产品研发设计、加工制造、生产性服务到

① 王文俊.传统产业转型升级研究综述[J].财经理论研究,2016(5):20.
② 王柏玲,李慧.关于区域产业升级内涵及发展路径的思考[J].辽宁大学学报(哲学社会科学版),2015,43(3):77.
③ 王文俊.传统产业转型升级研究综述[J].财经理论研究,2016(5):20.

最终报废的一系列活动所串联起来的全生命期链条;从价值形态角度看,它是不同生产活动和生产环节的价值创造、价值增值乃至价值分配活动的集合①。价值链升级环节主要包括产品设计开发(上游环节),加工、投入、组装等内部生产,市场营销以及消费和循环利用(下游环节)。从产业链下游环节过渡到上游环节,要突破发达国家的"技术封锁"和"低端锁定",这需要培养高科技研发人员和投入研发资金,加快完成人力资本积累,提高制造业水平。我国经济已进入经济新常态,由高速增长阶段转向高质量发展阶段。这就要求加快建设制造强国,由"中国制造"到"中国智造",支持传统产业转型、优化升级,促进我国产业迈向全球价值链中高端。

因此,从世界经济发展和产业结构演变规律来看,产业转型升级的过程就是从劳动密集型向技术密集型转变的过程,产业转型升级的前提是要形成与产业结构转型升级相适应的人才结构和科技体系。② "一带一路"沿线国家处于不同的经济发展阶段,基础设施状况差异比较大,通过"一带一路"的互联互通,优势互补,带动各自产业结构的优化、升级和转型。

2. 人才规模质量的挑战

"一带一路"建设要面对沿线国家复杂多变的政治环境、非通用语种语言、宗教习俗、陌生的商业规则和有差异的法律体系等诸多问题。走出去的企业,要面对这些来自政治、经济、文化、法律等多方面的风险,这对外派的工程科技人才提出更多的要求。比如,要具备良好的跨文化交流和沟通能力,要熟悉国际市场、能够管理运营国际合作的工程项目、能够运用国际法解决商务争端等,这样才能有效降低海外投资风险。因此,对于"一带一路"建设,国际化复合型高级别工程科技人才比资金和技术更为重要。

由于我国高层次人才占比低于人才资源总量的 5.5%,且其中国际化人才更少,国有企业海外人才布局面临三大挑战:难以触及高级别国际化人才、缺

---

① 李建军,孙慧,田原. 丝绸之路经济带全球价值链地位测评及政策建议[J]. 国际贸易问题,2018(8):82.

② 朱雄才. 产业转型升级背景下高技能人才培养的困境与对策[J]. 现代教育管理,2014(9):104.

乏找到合适候选人的渠道、缺乏全球范围内的雇主品牌认知度①。"一带一路"沿线交通运输、建筑、信息通信、能源和金融五大行业的调查显示，高级别人才匮乏的问题极为突出，亟待加强高层次人才培养。

目前，我国企业外派的工程科技人才国际化程度低，很多不适应国际化工作环境。沿线国家很多地区使用小语种进行交流，工程科技方面缺乏小语种的复合型人才，也缺乏具有较高技术水平、掌握国际市场情况、具备国际视野和国际商务谈判经验、运用国内外法律、熟悉企业管理、了解当地社会民情的综合能力的复合型人才。这就要求对国际化工程科技人才设定规范化和制度化的标准，培养和选派符合国际化人才标准的工程科技人才，确保"一带一路"建设的可持续发展。

"一带一路"建设项目为国际工程项目，要求工程科技人员具备外语沟通能力、跨文化理解能力、国际工程项目的管理能力以及项目投资运营能力。这就要求创新工程科技人才培养的素质能力结构。"一带一路"建设需要高端人才、创新创业人才、小语种外语人才以及急需领域专业人才的支撑，培养和提供高质量的工程科技人才成为关键。良好的外语沟通能力既包括日常工作中的对话交流，也要能够看懂外文技术资料和合同文本等。这样才能提高建设项目的经济效益，展示我国工程科技人员的良好素质形象。国际工程项目建设周期长，涉及所在国和当地的商业规则、法律、社会风俗等，工程科技人员要具备多元文化理解能力，降低商业和法律纠纷、劳动关系争议等风险损失。比如，有的地方法律规定员工实行 8 小时工作制，不得要求员工在 8 小时之外加班，在招聘员工方面也要按一定比例雇用当地人员等。国际工程项目往往涉及与当地企业和其他国家企业与机构的分工合作，联合创新、联动公关等，这就要求工程科技人员要具备领导能力，具备科学组织与管理、协调沟通、激励与包容等素质。

从"一带一路"建设高端人才需求来看，急需一批语言人才、国际工程项目管理人才、国际营销人才、国际法律人才等，而目前我国人才供给存在高级技工人才逐年下降、顶尖人才严重缺失、"国家通"人才相对缺乏、技工人才特别

---

① 吴雪."一带一路"战略的人才瓶颈与对策[N].金融时报，2017-06-02(010).

是中高级技术人才缺乏、国际贸易人才匮乏的问题①。因此,要创新"一带一路"建议的高层次、高素质、高质量的国际化人才的培养模式。

"一带一路"建设的区域市场特点,决定了对工程科技人才数量和质量的需求。具有国际视野、熟悉国际惯例和国际规则并能参与国际竞争的外向型人才的需求将急剧增加。"一带一路"建设区域发展状况决定了对工程科技人才结构的要求,对于高新技术和应用型技术开发人才,善于进行全球化资本运作的企业经营管理人才,对熟悉交通、能源、电力、化工、通信、房地产、民生等领域基础设施建设的管理人才的需求占有较高的比例②。"必须高度重视培养国际化的人才队伍,在人才招聘、培训和管理上与国际接轨,实现人力资源配置的全球化与人才管理的本土化有机结合"。③ 要培养复合型、复语型、国际化、跨文化能力的新型国际化人才。

"一带一路"建设需要具有全球视野、能够与不同文化背景的人们进行共同学习和工作的全球胜任力的人才。经济合作与发展组织(OECD)将全球胜任力定义为"全球胜任力是一种能力或者性格,它可以体现在独自或与他人合作时,能恰当并有效地实施或者互动实施,以便参与到互相关联、互相依赖的多元化世界当中"。也有研究者将全球胜任力概述为包括认知、人际与个人三个层面的六大核心素养,分别为世界文化与全球议题、语言、开放与尊重、沟通与协作、自觉与自信、道德与责任。④

"一带一路"建设由于面临复杂的环境,需要构建共享、共存、共融的人类命运共同体目标,迫切需要具备全球胜任力的人才。亚洲协会提出的全球胜任力概念框架,详见表1。我国在参与全球治理中,具有全球胜任力的人才数量比较少,与参与全球治理所需的人才需求还有很大差距,全球胜任力的高端战略人才梯队还未形成,难以发挥应有的全球治理作用。目前,要增强"一带一路"的全球认同感,而要实现这一目标,急需大批具有全球胜任力的青年人才⑤。高校要培养具有全球胜任力的拔尖创新人才,主动服务国家对外开放重

① 周秀琼."一带一路"人才培养模式创新及路径选择[J].学术论坛,2018(3).
② 高建新."一带一路"战略背景下的科技协同、人才互动与制度创新[J].开发研究,2016(4).
③ 陈海燕."一带一路"战略实施与新型国际化人才培养[J].中国高教研究,2017(6).
④ 钟周,张传杰.立足本地、参与全球:全球胜任力美国国家教育战略探析[J].清华大学教育研究,2018(2).
⑤ 胡钰,景嘉伊.基于海外实践的全球胜任力课程开发研究[J].现代教育技术,2018, 28(8):103.

大需求,积极参与"一带一路"建设,树立世界眼光,密切人文交流,创新对外传播方式,增强国际话语权,助力我国国际地位和国际影响力持续提升①。

表1　亚洲协会提出的全球胜任力概念框架

类别	说明	行动
探索世界	学生探索自身直接环境之外的世界	识别议题,产生问题,解释问题的意义;使用多种语言、资源和媒体来识别和评价相关证据;分析、关联和综合各类证据来建立具有连贯性的回应;基于证据形成论点,并做出可论证的结论
认识多元视角	学生认识到自身和他人的不同视角	认识和表达个人见解并识别个人见解背后的影响因素;考察其他人的简介及影响因素;解释文化互动的影响力;辨别获取知识、技术和资源的不同方式如何影响人们的生活质量和观念
沟通思想	学生采取有效的方式与多样化的人群进行沟通交流	识别和说明多样化的人群对沟通的理解程度以及沟通效果;面对多样化的人群,进行有效的倾听和交流;面对多样化的人群,选择和使用相宜的技术和媒体进行沟通;反思在相互依存的世界中沟通如何影响理解与合作
采取行动	学生以适当的方式将想法付诸行动以参与社会	识别和创造机会采取个体和团体行动以改善情况;基于证据和潜在影响力评估行动选项并制订行动计划;以具有创意和符合伦理的方式开展个体或团体行动,以改善情况并评估行动影响;反思为了改善情况而影响他人和做出贡献的能力

资料来源:钟周,张传杰.立足本地、参与全球:全球胜任力美国国家教育战略探析[J].清华大学教育研究,2018(2).

全球胜任力人才培养中必备的是外语人才以及国际和地区研究人才、海外学习培养模式、国际事务参与意识与能力。个体的全球胜任力是一种积极和有效参与全球事务管理与治理的综合能力。在专才发展上,这意味着熟悉本国本地方针政策、了解本国国情、具有全球视野和文化意识、熟悉全球多个地区、熟练运用多种语言、通晓国际规则、擅长国际合作交流。在教育层面的通才培养上,全球胜任力培养意味着了解全球议题和世界文化,掌握至少一门外语,形成开放、尊重、自觉、自信态度,具有家国情怀以及推动全球可持续发展的责任。

"一带一路"建设需要沿线国家之间的共同协作,既包括市场主体的竞争

---

① 陈旭.努力走在世界一流大学建设的前列[N].光明日报,2018-01-11(6).

关系,又包括共建共享的广泛和深度合作伙伴关系,只有具备全球胜任力的人才才能更好地参与其中,发挥自身的作用,促进地区与全球的可持续发展。

3. 人才互认流动的挑战

由于劳动力市场保护,工程教育学历认证、工程师资格认证体系不健全等原因,"一带一路"工程师的跨国流动受到很大限制。除 2016 年加入工程教育本科学历互认的《华盛顿协议》外,我国还不是 3 年制学历互认《悉尼协议》、2 年制学历互认《都柏林协议》的成员。工程师资格互认的《国际职业工程师协议》(IPEA)、《亚太工程师协议》(APEC agreement)、《国际工程技术员协议》(IETA)和《国际工程技师协议》(AIET),我国也均不是成员。这与我国教育标准和技术标准国际认可度不高有很大关系。

(二) 新机遇

1. 带动沿线国家发展

"一带一路"倡议已经成为沿线国家经济发展的新引擎。中国奉行互利共赢的开放战略,坚持引进来和走出去,推动形成了陆海内外联动、东西双向互济的开放格局,致力于促进友好国家的共同发展、利益共享。

"一带一路"沿线国家在全球贸易版图中的地位日趋重要。根据中国国家开发银行(CDB)、联合国开发计划署(UNDP)的报告,"一带一路"沿线国家 GDP 总量及其在世界 GDP 总量中所占份额持续增长[①]。"一带一路"国家在交通基础设施建设、信息基础设施建设、能源与资源、制造业、冶金与化工、农业、生态环境保护、医疗健康等领域的国际贸易合作也越来越紧密。根据国家信息中心《一带一路贸易合作大数据报告 2018》,2017 年"一带一路"71 个国家对外贸易占全球贸易总额的 27.8%。[②]

2. 共建共享成效显著

"一带一路"建设中的务实行动,践行了共建共享的理念,取得了显著成

---

① China Development Bank, United Nations Development Programme (UNDP), Peking University. The Economic Development along the Belt and Road 2017 report. http://www.cn.undp.org/content/china/en/home/library/south-south-cooperation/the-economic-development-along-the-belt-and-road-2017.html

② 国家信息中心. 一带一路贸易合作大数据报告 2018. 2018:1.

效,为倡议的未来发展提供了良好机遇。

截至 2018 年 9 月,中国已与沿线 106 个国家和地区、29 个国际组织签署了 150 份合作文件。中国与"一带一路"沿线国家进出口总额超过 6 万亿美元,新签对外承包工程合同超过 5000 亿美元,为当地创造就业岗位 24.4 万个,上缴东道国税费累计 20.1 亿美元,对外直接投资超过 800 亿美元(见图 2)。此外,中国还与沿线 53 个国家建立了 700 对不同级别的友好城市关系。2016 年,"一带一路"沿线国家来华留学生共计 20.77 万人,同比增长 13.6%。

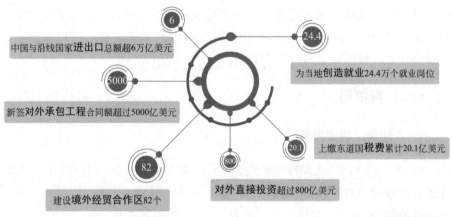

中国与沿线国家**进出口**总额超 6 万亿美元

新签**对外承包工程**合同额超过 5000 亿美元

建设**境外经贸合作区** 82 个

对外直接投资超过 800 亿美元

上缴东道国**税费**累计 20.1 亿美元

为当地**创造就业** 24.4 万个就业岗位

截至 2018 年 9 月

图 2 "一带一路"五年合作成就示意图

资料来源:https://www.yidaiyilu.gov.cn

3. 符合全球共同利益

从当前国际局势看,个别西方国家排斥甚至抵制"一带一路"倡议的声音不断,这是国际政治经济地位竞争的反映。我国要从战略高度强调"一带一路"倡议在国际经济版图重构中的正当性,力争赢得沿线国家政府和民众的广泛支持。

2013 年 9 月,中国提出构建"丝绸之路经济带"要创新合作模式,加强"五通",即政策沟通、设施联通、贸易畅通、资金融通、民心相通。2015 年 9 月,联合国 193 个成员国正式通过 17 个可持续发展目标(SDG)。这是联合国成员国的共同愿景规划,将在千年发展目标到期之后继续指导 2015—2030 年的全球发展。"一带一路"倡议目标与联合国2030年可持续发展目标的高度关联性,详见图3。

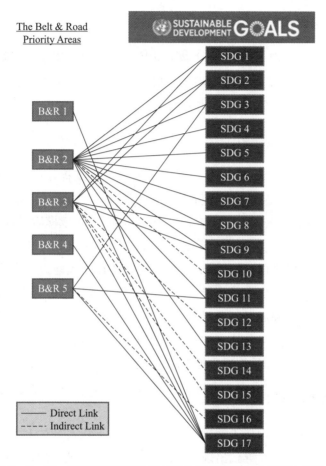

图3 "一带一路"的"五通"目标与联合国可持续发展目标的关联性

资料来源: The Economic Development along the Belt and Road, 2017: 14.

要使"一带一路"倡议顺利推进,在复杂的国际竞争中赢得主动,当前要突出强调倡议与世界可持续发展目标的高度契合,这将为"一带一路"倡议提供坚实的正当性基础和广泛的国际民意空间,有利于促进中国所倡导的人类命运共同体建设,有利于推动世界可持续发展。

"一带一路"的"五通"目标和联合国可持续发展目标,都离不开工程科技与工程人才的支撑。"一带一路"的设施联通,可持续发展目标中的产业、创新和基础设施,可持续城市和社区,清洁饮水与卫生设施等,都离不开工程这个载体。面向未来,工程科技将在"一带一路"建设和世界可持续发展中发挥更加重要的作用,这是工程科技人才培养的重大机遇。

(三) 新要求

在新时代,"一带一路"工程科技人才培养与人文交流迎来了新挑战与新机遇,与此同时新时代也对其提出了新要求。这些要求主要体现在工程科技素质、人文素质以及国际交流能力方面。

1. 工程科技素质要求

工程科技人才在"一带一路"建设中发挥重要的支撑作用,是沿线国家促进科技成果转化的中坚力量。随着"一带一路"倡议逐渐深入,沿线重大工程陆续开展,工程科技人才面临来自产业升级转型、人才规模质量提升、人才互认流动机制的挑战,同时也迎来沿线国家快速发展、共建共享成效显著以及符合全球共同利益的机遇,这些都对工程科技人才在个人能力和素质提升等方面提出了更多、更新、更高的要求。从中国工程科技人才培养现状来看,高等教育改革已经明显滞后于工业界对人才的要求,大众化教育难以适应个性化需求。这就要求我们必须从人才培养类型及培养模式方面进行创新,积极从知识素质、能力素质和品德素质等方面进行提升。

2. 人文素质要求

根据以往在海外承接工程项目的经验,由于工程人员对于当地的宗教文化、社会民情缺乏了解,导致出现与当地民众或者政府的摩擦、纠纷,甚至出现人员伤亡、建设项目停工等重大问题。因此,对于"一带一路"沿线众多国家和地区多样社会文化、不同的习俗,工程人员都需要逐渐学习和熟知,这样才能逐渐适应当地的工作和生活。因此,对工程科技人才人文素质培养提出了较高要求,需要改变工程人员素质参差不齐的现象,以便尊重当地文化,加深彼此认同。

3. 国际交流能力要求

由于"一带一路"建设涉及的工程项目比较复杂,文化差异大,地缘政治、民心社情等比较复杂,在这样的社会背景下,中国企业和工程人员要与当地企业、政府机构、民众进行长期合作,也要与其他国家的相关单位开展合作,需要工程科技人员进行有效的国际交流,促使建设项目顺利进行。在工程标准不统一的情况下,必须通过工程科技人员良好的国际交流能力消除障碍、消除误解。因此,工程科技人才需要培养和提高国际交流能力。

二、"一带一路"工程科技人文交流的新挑战与发展

为了进一步认识和理解"一带一路"工程科技人文交流的新挑战和发展现状,需要一定的理论分析框架来指导。鉴于此,有必要先对公共外交理论的分析框架进行一定梳理。

(一) 公共外交理论分析框架——主体、对象与价值维度

"公共外交"作为一个术语,首次出现是在 1965 年,当时美国塔弗兹大学弗莱舍法学院系主任埃德蒙德·古利恩将其定义为"公共外交旨在处理公众态度对政府外交政策的形成和实施所产生的影响"。在当时,公共外交主要指美国新闻署所从事的非传统性外交活动,包括国际广播在内的信息活动及教育文化交流活动等。[①] 1987 年,美国国务院《国际关系术语词典》把公共外交定义为"由政府发起交流项目,利用电台等信息传播手段,了解、获悉和影响其他国家的舆论,减少其他国家政府和民众对美国产生错误观念,避免引起关系复杂化,提高美国在国外公众中的形象和影响力,进而增加美国国家利益的活动"[②]。1997 年,美国政府新闻署认为,公共外交是通过理解、增进和影响外国公众的方式来促进美国国家利益的实现。这一界定相对比较宽泛,显示出明确的外交战略和对外政策目的,被看作是外交政策框架的组成部分。[③]

"9·11"事件之前,公共外交强调政府与公众的交流,因此公共外交的实施主体主要是各类政府机构。而在"9·11"事件之后,人们开始意识到公众与公众的交流更为重要和有效,政府不再是公共外交的唯一实施主体,非政府组织、跨国公司以及个人等非政府机构也负有赢得人心、改变国家形象、维护国家安全的责任,也是公共外交的重要实施主体之一。

1. 公共外交的主体

传统政府外交的行为主体较为单一,主要由政府以及政府代表(国家元

---

① 韩方明. 公共外交概论(第二版)[M]. 北京:北京大学出版社,2012:1-2.
②③ 参见美国公共外交联谊会网站,http://pdaa. publicdiplomacy. org/? page_id=6.

首、政府首脑、外交官等)来进行外交活动,而公共外交的行为主体除了各类政府行为体,一切受政府组织和支持、按照政府意志与他国公众交流的涉外企业、高等学校以及社会组织、人民团体等非政府组织都属于公共外交的行为主体。

政府是公共外交系统中的"指挥官"。相比政府外交,政府在公共外交中的角色并没有弱化,而是实现了角色和管理方式的转变。在公共外交系统中,政府的角色不再既是政策制定者又是唯一的行为主体,而只是其中之一,政府的管理方式也从以往的直接管理变为间接管理。在公共外交系统中,政府的主要角色和功能是制定宏观框架以及行为规则,并运用政治、经济、法律等多种手段为公共外交的有效运转提供政策依据和实施便利。[①]

高校是公共外交系统的"桥头堡"。在经济与文化全球化的时代背景之下,教育与学术研究领域的国际交流活动日益频繁。各国高校作为这些交流的桥头堡,在完成专业使命的同时,也发挥着特殊的公共外交作用。高校是知识和智慧汇聚、碰撞的殿堂,对于任何一个国家来说,具有代表性的精神文化成果以及工程科技成果往往都出自高校,而这些成果在推动相关实践和社会发展的过程中承担着重要作用。在"一带一路"建设蓬勃发展的今天,亟待各个领域专业人才的涌入,进而为公共外交实践提供智力支持。而高校的资源优势决定了其在发展公共外交理论研究方面具有天然的优势。

企业是公共外交系统的"主力军"。在全球化浪潮中,信息、资金、人口和文化在世界范围内以空前的速率流转。企业作为世界经济网络的重要节点,在促成资金和商品流通的同时,客观上推动着信息和文化的流通,传播和塑造着一国形象,成为公共外交的重要力量。随着跨国企业在全球拓展,其所属国的政治、经济、外交影响也随之扩散出去。对于跨国企业而言,无论是海外投资、跨国并购行为,还是国际市场的开拓、维护过程,无不直接关乎对象国公众的切身利益。对于外国公众而言,通过企业提供的产品和服务及其市场营销与公共关系活动,他们能够感受到企业所属国的政治、经济和文化内涵,进而形成对一国国家形象的认知和态度。[②]

非政府组织是公共外交系统的"中介者"。非政府组织以其独特的身份,了解外国民众的真实想法和诉求,增进外国民众对本国的了解和信任,消除误

---

① 王莉丽."多元公共外交"理论框架的建构[J].中国人民大学学报,2018(2):119.
② 赵启正.中国企业应成公共外交主角[J].企业观察报,2014(7).

解和偏见。在国家关系遭遇困难时,非政府组织可以在缓解、化解和处理国家关系的有关矛盾和问题中起到调节作用。他们能够广泛参与塑造国家形象,通过公共传媒,积极传播国家理念,并且通过具体、生动的实例,准确传递国家相关信息。非政府组织是公民社会的重要代表,在开展公共外交时,其非官方的身份更易于被外国民众认可,尤其是在一些对政府和官方媒体缺乏信任的西方民众中,非政府组织有更高的可信度和公信力,能够发挥吸引和感化等作用,提升公共外交的实际效果。① 当然,必须注意到,某些所谓的"非政府组织"是有政治背景的,在国际事务中进行着秘密活动,需要时刻予以警惕。

2. 公共外交的对象

公共外交的对象具有一定的特殊性。公共外交的实施对象主要为他国公众,这与以他国政府为对象的传统政府外交和以国内公众为对象的公共事务完全不同。在公共关系学中,一般把公众理解为与特定的公共关系主体的利益直接或相关的、与公共关系主体相互联系、相互作用的个人、群体及组织的总和,他们对公共关系主体及其组织的目标和发展具有实际或潜在的影响力和制约力。②

国外普通公众。普通公众是指那些在他们所在国家各行各业中不处于权势地位的人群。普通公众占据着国家公众的大多数,由于社会经济地位、职业和受教育程度、文化传统等原因,他们更加关注与自身实际利益直接或密切相关的国内事务,对外交政策、国际事务的关注和了解程度有限,对于外交政策、国际事务相关信息的获取也主要来自电视、广播、网络等大众传媒。因此,他们对外交政策、国际事务并不持有明确的、固定的态度和立场,但往往容易受到精英群体、新闻媒体、意见领袖等权势群体的左右和影响。③

国外媒体公众。媒体公众也称为新闻界公众,国外媒体公众主要包括国外的电视台、广播电台、报社、杂志社、互联网站等新闻传播机构和记者、编辑、撰稿人、主持人等新闻界人士。媒体公众由于掌握着各类大众媒体和专业媒体,承担着信息的采集、加工、筛选和传播的任务,因而成为信息的"把关人",

---

① 鞠晓颖,叶素云.非政府组织参与"一带一路"倡议的作用探讨[J].发展研究,2018(2):59-64.

② 张克非.公共关系学[M].北京:高等教育出版社,2001:102.

③ 韩方明.公共外交概论(第二版)[M].北京:北京大学出版社,2012:95.

对社会舆论具有巨大的导向和塑造作用。① 媒体公众对信息的传播和扩散具有倾向性和选择性，他们根据自身的价值准则和社会需求来对信息进行筛选和过滤，而经过筛选和过滤的带有特定价值的信息，一经电视、广播、报刊、互联网络等传播媒介的传播和放大，就会在短时间内引起社会公众的普遍关注并获得其认可，公众态度和社会舆论也由此受到媒体公众的影响和引导。

国外社会组织。社会组织就是具有广泛社会影响力的各类政治组织、商业组织、社区组织、文化组织、宗教组织、市民组织以及其他特定利益组织。社会组织通常具有较强的国际化意识和全球性观念，不仅关注国际事务和外交政策，而且也关注全球治理等人类共同关心的议题。他们活跃在世界舞台上，通过各种媒介手段获取信息，参与外交政策、国际和全球性事务的讨论，甚至直接成为外交政策、国际和全球性事务的决策者或实施者，并对社会公众和社会舆论施加影响。②

3. 公共外交的价值维度

公共外交作为执行国家战略和对外政策的工具之一，绝非一国政府为促进国家利益实现而采取的权宜之计，而是有着深厚的理论和价值内涵。具体来说，公共外交主要包括四大价值维度，即公共外交的知识维度——软实力与话语权；公共外交的沟通维度——国际传播与公共关系；公共外交的交往维度——人文交流与文化互鉴；公共外交的利益维度——国家形象与国家利益。③

公共外交的知识维度：软实力与话语权。公共外交主要围绕提升国家软实力和话语权展开，因而软实力理论与话语权理论共同构成了公共外交的知识维度。软实力是相对于军事、经济等硬实力而言的，主要是指制度、文化、价值、政策的吸引力。软实力理论认为，公共外交既是软实力的重要体现，又是促进软实力的手段，政府调动各种软实力资源，通过大众传播、文化输出、文化交流项目等方式来吸引他国公众。④

---

① 张克非.公共关系学[M].北京:高等教育出版社,2001:102-103.
② 韩方明.公共外交概论(第二版)[M].北京:北京大学出版社,2012:85.
③ 杨荣国."一带一路"公共外交战略研究[D].兰州大学,2017:57-58.
④ Joseph S. Nye, Jr., "Public Diplomacy and Soft Power," The Annals of the American Academy of Political and Social Science, Vol. 616, Public Diplomacy in a Changing World, pp. 94-109.

公共外交的沟通维度：国际传播与公共关系。公共外交是一个信息传播和与公众沟通的过程。一方面，公共外交通过广播电视、报纸杂志、互联网络等手段来向他国公众传递信息、传播价值、影响公共舆论。具体来说，公共外交的国际传播活动主要有三个目的：一是通过传播改变公众态度，对他国公众的心理施加影响；二是通过传播形成有利舆论，对他国政府的决策施加影响；三是通过传播产生预期行为，使他国公众和他国政府采取有利于自己的行动。① 另一方面，公共外交通过对他国公众，尤其是意见领袖、社会名人等特定公众进行游说和公关，以减少误解、增进信任，进而改变其态度和政策观点。

公共外交的交往维度：人文交流与文化互鉴。在公共外交实践中，各国往往通过人文领域的交流与合作与他国公众进行交往和互动，如学者学生交流、民众互访等。因而，人文交流与文化互鉴就构成了公共外交的交往维度。在文化和信息鸿沟日益消除的条件下，公共外交中的人文交流与文化互鉴除了可加深相互理解之外，还具有信息传播的功能。② 也就是说，人文交流与文化互鉴不仅仅涉及"文化"和"艺术"本身，其更高层次的意义是一国思想、观念、价值的对外传播。

公共外交的利益维度：国家形象与国家利益。国家形象和国家利益是一个有机统一的整体，良好的国家形象促进国家利益，国家利益是国家形象的物质载体和价值追求。公共外交就是基于国家形象和国家利益双重考虑而实施的外交行为，③一国开展公共外交的目的就是通过信息传播、人文交流来塑造良好国家形象，改变国际公众对本国的消极印象和认知，获取其对本国内外政策的理解和支持，最终维护和促进国家利益的实现。因而，国家形象与国家利益构成了公共外交的利益维度。④

（二）工程科技人文交流的新挑战

1. 宗教文化的挑战

"一带一路"沿线国家的政治、经济和文化发展各不相同，特别是我国在

① 程曼丽.国际传播学教程[M].北京：北京大学出版社，2006：193-196.
② Mette Lending, Change and Renewal：Norwegian Foreign Cultural Policy 2001—2005, Oslo：Royal Norwegian Ministry of Foreign Affairs, 2000, pp. 13-14.
③ 赵可金.公共外交的理论与实践[M].上海：上海辞书出版社，2007：122.
④ 杨荣国."一带一路"公共外交战略研究[D].兰州大学，2017：58.

"一带一路"倡议的实施过程中,需要与很多国家的不同意识形态和不同宗教文化相遇,主要包括佛教、琐罗亚斯德教①、犹太教、景教、摩尼教、伊斯兰教、天主教等。② 有些国家的宗教甚至对该国政治、经济、文化发挥着举足轻重的作用,也对我们"一带一路"建设有着至关重要的影响。与中国相比,这些国家的政治制度、经济发展、民族宗教、价值观念,都不尽相同,各有特点。"民族、宗教无小事",这句话对于"一带一路"倡议可能涉及的宗教问题同样适用。

古丝绸之路的开辟,在很大程度上是靠宗教的传播得以维系和延续。今天,丝绸之路上的宗教有一定传承但也出现了很大变化,宗教问题一直是导致中东地区动乱的主要原因。深入了解"一带一路"沿线国家宗教文化,特别是研究伊斯兰文化、基督教文化、佛教文化和印度教文化,对"一带一路"建设有着重要作用。

当前中国在推进"一带一路"建设中遇到一些困扰,如一些国家杜撰"中国威胁论",一些国家担心中国将取代美国成为"全球头号超级大国",一些国家政治动荡和跨国界的民族宗教冲突,宗教极端主义势力和分裂势力等。所有这些,都会对中国"一带一路"软硬环境造成冲击。因此,在新时代背景下研究宗教历史,借鉴古丝路宗教交流发展的积极经验,发挥宗教软实力人文外交优势,深化中国与沿途国家宗教文化交流,提升宗教在维护安全、防堵极端主义思潮、根治恐怖主义方面的作用,都对"一带一路"倡议的实施有特殊意义。③ 世界各大文明体系最初大都是以宗教文化为表现形式。"一带一路"倡议涉及包括宗教在内的物质、精神、政治等方面的文化建设。我们在推进"一带一路"工程科技建设时,必须认真考察各国的宗教信仰、生活习俗、思想文化、心灵情感等方面因素,充分重视宗教文化对项目成功带来的挑战和影响,鼓励我国的爱国宗教界积极参与到"一带一路"建设中,实现文明互鉴。④

2. 法律法规的挑战

"一带一路"倡议的稳步推进实际上是各国之间紧密合作的过程,这就

---

① 琐罗亚斯德教(Zoroastrianism,波斯文:مزدیسنا)是在基督教诞生之前在中东最有影响的宗教,是古代波斯帝国的国教,也是流行于古代波斯(今伊朗)及中亚等地的宗教,中国史称祆教、火祆教、拜火教。

② 卓新平.丝绸之路的宗教之魂[J].世界宗教文化,2015(1).

③ 马丽蓉.中国"丝路战略"与伊斯兰教丝路人文交流的比较优势[J].世界宗教文化,2015(1).

④ 王潇楠.用中国特色社会主义宗教理论指导"一带一路"建设中的宗教研究[J].世界宗教文化,2018,(4):20-23.

必然出现不同政治经济环境、宗教信仰、历史传统以及语言表达形式的各种法律主体之间的交集与碰撞。在这种背景下,法律问题的复杂性与多样性给"一带一路"建设的推进带来了挑战。

第一,"一带一路"建设涉及主体多样。从其经济发展水平角度来分析,参与"一带一路"的一百多个国家或者国际组织,包含发达经济体、发展中经济体及转型经济体;从主体所属的法系以及法律渊源的角度来分析,其包含三大法系,即大陆法系、英美法系、伊斯兰法系。

第二,"一带一路"主体国法律文化的复杂性与多样性。"一带一路"建设涉及多个民族地域,不同的民族有不一样的历史文化传承,其法律文化往往带有浓郁的民族特色。"一带一路"沿线国家除了英语这种国际通用的语言之外,还涉及多个语言种类,例如蒙语、韩语、泰语、俄语、阿拉伯语等,要想更好地了解各国的法律文化,对其适用的法律语言的精准掌握是必然要求,这也是语言文字的多样性对法律文化多样性的影响。①

第三,规范"一带一路"建设法律制度的多样性。涉及"一带一路"建设的法律制度主要有:国际条约,例如世界贸易组织有关规范;国内法,主体国内部制定的各类法律法规;区域组织制定的法律以及为解决特定问题展开特定合作而确立的双边或多边条约。正是由于法律制度的多元化,当利益出现纠纷需要寻求法律适用的时候可能会产生冲突,这也是"一带一路"建设中法律问题多样性的表现。

"一带一路"建设是一项庞大且复杂的工程,参与主体众多,势必会在合作过程中产生冲突与矛盾,存在重重的法律风险,主要包括三个方面:

一是对外投资的法律风险。从各国的对外投资法律制度可以看出,不少国家的法律对境外投资者设置了苛刻的条件甚至是不公平待遇,利用法律法规设置各种贸易壁垒以及税收壁垒限制外国投资企业的利益。很多参与国不是 WTO 成员,WTO 框架内的国际条约对它们没有约束力,这就极大地增加了对外投资企业的风险。②

二是,知识产权侵权风险。"一带一路"建设涉及的经济体众多,部分发展中的经济体对知识产权保护的意识相对不强,侵犯他国的知识产权或者被他国侵犯知识产权的现象屡见不鲜。

---

① 李彩霞."一带一路"背景下人才跨文化意识的意涵与培养[J].广西社会科学,2017(5).
② 李峰."一带一路"沿线国家的投资风险与应对策略[J].中国交通经济,2016(2).

三是,司法协助的风险。当出现矛盾与纠纷寻求司法救济时,各国司法实务部门在解决这类问题时会有一种无力感。首先,在国际合作过程中产生冲突的主体是双方或多方,这就涉及审判权管辖的问题,利益相关国都想让对自己有利的审判主体来审理案件,这就会造成管辖权冲突;其次,在明确了审判管辖权的归属后,接下来涉及法律适用的问题,"一带一路"建设是一种新型的国际合作形式,在推进过程中遇到的新挑战、新问题层出不穷。对于这类问题的解决,各国的法律制度可能还没有完善的应对机制,这就造成了无法可依的局面。除此之外还会有另一种情况,即参与国基于多种因素形成了复杂多元的法律制度,多重法律对这一问题都有规制条款,这就势必造成法律适用的冲突。

3. 商务规则的挑战

商务规则的挑战主要表现在三个方面:

第一,规则制定主体的转变。"一带一路"倡议的提出是中国面对世界区域经济一体化趋势,努力从国际规则被动的接受者、学习者、追赶者和参与者,转变为主动的倡导者、制定者、塑造者和整合者的一个尝试和主动选择。规则制定主体的转变,要求我们在执行规则时要有"以我为主,兼容并包"的规则自信。尤其是在工程科技项目的建设时,我国在长期的发展中已经形成了成熟的工程科技标准和规则,我们应该在"一带一路"建设中大力推广和使用我们自己的规则和标准。但是,这一过程不是一蹴而就的,让他国接受我们的规则和标准需要一个循序渐进的过程。

第二,中国标准体系尚不能适应"一带一路"的建设需求。中国目前拥有的"标准"数量超过两万项(其中不包括各类行业和地方标准),仅次于德国,居世界第二,但法规老化、研究成果缺乏有效沟通。此外,在制定程序、现行强制性标准的文件表现形式及实施操作性方面,都有亟须解决的问题。虽然中国质检技术与欧美发达国家的差距在缩小,但在技术标准上的差距仍然很大。国际标准化组织(ISO)、国际电工技术委员会(IEC)现有 16 700 多项标准中,以中国为主起草或采纳中国标准的国际标准只有几十项。① 标准体系的落后,给我国工程科技支撑"一带一路"带来了一定挑战。

---

① 王海燕."一带一路"标准一致化研究——以中国与中亚国家出入境检验检疫领域合作为例[J]. 新疆师范大学学报(哲学社会科学版),2016,(4):116-124.

第三,沿线国家商务规则的复杂性和多样性。"一带一路"沿线国家以发展中国家为主,其国情大多较为复杂,经济也处于发展起步阶段,工业不发达。因此,其本土商务规则尚不成熟,多采用国际通用的美标或欧标等标准形式。以道路修建标准为例,据工程院"一带一路"知识中心的数据显示,"一带一路"沿线国家中修建道路采用中国标准的只有印度尼西亚、柬埔寨和巴基斯坦三个国家,但是这三个国家也同时采用了美国标准或欧洲标准。复杂多样的标准体系,给中国标准和工程的推广带来了挑战。

(三) 工程科技人文交流的现状

工程科技人文交流是系统工程,是人文交流的重要组成部分。基于公共外交理论的分析框架,本节将不同主体分别进行深入分析,以见工程科技人文交流的现状。

1. 政府参与"一带一路"工程科技人文交流的现状

重视教育在人文交流中的作用,积极推进共建"一带一路"教育行动。 教育交流是人文交流的重要组成部分,自"一带一路"倡议发布以来,教育部牵头制订《推进共建"一带一路"教育行动》,重点鼓励沿线各国高等学校在交通运输、建筑、医学、能源、环境工程、水利工程、生物科学、海洋科学、生态保护等沿线国家发展急需的工程科技专业领域联合培养学生,推动联盟内或校际间教育资源共享。目前,我国已经与 47 个国家或地区签署学历学位互认协议,包括沿线国家 26 个。截至 2017 年 6 月,我国已经与"一带一路"沿线国家签署了 45 个教育双边多边合作协议,在教育合作交流机制的构建上取得了一定成效。截至 2018 年 8 月,我国已经与 40 个沿线国家建立知识产权双边合作关系,签订知识产权合作协议。[①]

2017 年,我国出国留学人数突破 60 万人,其中赴"一带一路"沿线国家留学 6 万余人;来华留学人数接近 49 万人,其中"一带一路"沿线国家来华达 30 万人。丝绸之路政府奖学金,每年提供 1 万个名额,专门资助"一带一路"沿线国家的学生来华留学。除国家层面的资助以外,各级地方政府也设立了

---

① 中国"一带一路"网. https://www.yidaiyilu.gov.cn/,如无特殊说明本节数据均来源于该网站。

丝绸之路专项奖学金。例如,浙江省政府来华留学生奖学金,该奖学金总额从2009 年的 500 万元跃升到 2018 年的 4000 万元。

多部门发布"一带一路"工程科技人文交流系列支撑计划或指导意见。"一带一路"工程科技人文交流是个复杂的系统工程,除工程教育人文交流以外,还涉及科技合作、工程标准合作等多个领域。2015 年 10 月,"一带一路"建设工作领导小组办公室发布《标准联通"一带一路"行动计划(2015—2017)》[①],加快制定和实施中国标准"走出去"工作专项规划。此后,《标准联通"一带一路"行动计划(2018—2020)》[②]也持续发布,努力提高标准体系兼容性,支撑基础设施互联互通建设,促进国际产能与装备制造合作,服务投资贸易便利化和人文交流深入化,为推进"一带一路"建设提供坚实技术支撑和有力机制保障。2016 年 9 月,科技部联合发展改革委、外交部、商务部印发了《推进"一带一路"建设科技创新合作专项规划》[③],力求打造发展理念相通、要素流动畅通、科技设施联通、创新链条融通、人员交流顺通的创新共同体。2017年 5 月,国家发展和改革委员会和国家能源部联合发布《"一带一路"能源合作愿景与行动》[④],加强"一带一路"能源合作有利于带动更大范围、更高水平、更深层次的区域合作;同年,农业部牵头发布了《共同推进"一带一路"建设农业合作的愿景与行动》[⑤],加强"一带一路"农业合作的顶层设计。

政府通过发布"一带一路"工程科技人文交流系列支撑计划或指导意见,从制度层面为各级政府、企事业单位及相关机构参与"一带一路"工程科技人文交流提供了明确的指导。

扩大对"一带一路"沿线国家的援外培训项目。援外培训是我国开展对外援助的重要方式,与成套项目、技术合作、援外医疗队等其他援助方式一起共同构成了服务国家对外战略的重要途径。"一带一路"倡议提出后,政府各部门积极配合"一带一路"建设,援外培训的内容更加关注"一带一路"的需求,援外培训的国别更加集中在"一带一路"沿线国家。如教育部国际合作与交流司从 2017 年起组织高校申报教育援外项目,要求项目侧重"一带一路"沿线国

---

① 国家发展和改革委员会网站. http://www. ndrc. gov. cn/gzdt/201510/t20151022_755473. html.
② 国家标准化委员会网站. http://www. sac. gov. cn/zt/ydyl/bzhyw/201801/t20180119_341413. htm.
③ 国家科学技术部网站. http://www. most. gov. cn/tztg/201609/t20160914_127689. htm.
④ 国家能源局网站. http://www. nea. gov. cn/2017-05/12/c_136277473. htm.
⑤ 国家农业农村部网站. http://jiuban. moa. gov. cn/zwllm/zwdt/201705/t20170512_5604724. htm.

家和非洲国家在社会经济民生发展领域急需人才培养①；科技部国际合作司
2018 年度发展中国家技术培训班项目中明确将"支持'一带一路'科技创新合
作重点领域"作为首要申报立项总原则等②。

与"一带一路"沿线国家高层访问密切,签订政府间人文交流协议。截至
2016 年年底,中国已与"一带一路"沿线国家签订了 318 个政府间文化交流合
作协定、执行计划等协定,并按照协定互设文化中心 11 个。各种主题交流活
动,如教育交流年、文化旅游年、国际博览会、电影艺术节等,精彩纷呈。在政
府主导下,开展友好城市活动,据中国国际友好城市联合会统计,截至 2017 年
5 月底,中国与"一带一路"沿线 63 国的 245 个省(州)建立友好城市 491 对,
正在形成"一带一路"友好城市群。对于推动民间交往,增强民众彼此了解起
到了重大作用。在文化领域,文化部颁布《"一带一路"文化发展行动计划
(2016—2020 年)》,这成为"一带一路"文化交流与合作的共同纲领和行动指
南,促进演艺、电影、电视、广播、音乐、动漫、游戏、游艺、数字文化、创意设计、
文化科技装备、艺术品及授权产品等领域的发展,开拓完善国际合作渠道。

2. 企业参与"一带一路"工程科技人文交流的现状

基于对多家"一带一路"重点建设企业的访谈内容分析,我们梳理了企业
参与"一带一路"工程科技人文交流的现状和问题。这些企业分别是中国土木
工程集团公司、中铁国际集团有限公司、中国路桥工程有限责任公司、中国中
车股份有限公司、中国中铁股份有限公司、中国石油天然气集团、中国银联股
份有限公司、中兴通讯股份有限公司、浪潮电子信息产业有限公司、中国移动
通信集团公司以及海尔集团等。

自发组织中外员工互派,促进人员交流。公共外交理论强调每一个置身
全球化浪潮之中的组织和个人在影响国际关系中的作用,因此,加强人员的沟
通与交流是公共外交的重要手段,也是人文交流的重要内容。目前,在被调研
的企业里,每个企业都有不同数量的人员交流项目。以中国土木工程集团为
例,他们十分注重属地化建设,对当地员工进行技术知识与中国文化培训,分
批次安排当地的管理人员赴中国开展专业培训,培训期间除学习管理知识以

---

① 福建农林大学网站. http://www.fafu.edu.cn/_upload/article/files/07/e8/4ddca88c4d18884577
ff529ab7d9/ac704563-58f7-4896-ac67-df6ef226a025.pdf.

② 科学技术部网站. http://www.most.gov.cn/tztg/201810/t20181022_142355.htm.

外,还组织他们参观中国发展较成熟且发展成就比较大的地区,使其深入了解中国的工程科技发展水平,增强与中国进行人文交流的意愿,使其减少对中国工程科技建设的顾虑,从而更愿意接受中国工程科技标准。除了企业自身选派人员以外,企业还会通过商务部组织的各类援外培训,把当地员工送到中国进行培训和交流,内容包括财务管理、商贸管理、商业文化融合及民族文化融合等。

在国外工作的中国员工是中外人文交流的纽带,他们需要懂外语并且懂得当地的文化习俗,以便与当地员工和人民进行交流。中兴通讯为了加强中方员工与外籍员工的彼此了解,通过开展汉语桥、Open day 等活动加强人员交流与沟通,促进双方人员的彼此了解,使公司业务顺利开展。中国石油天然气集团对管理层有很高的要求,他们要求中高层的中方员工,包括中方项目总经理都能做到英语无翻译情况下交流。

积极开展中外文化交流活动,增进文化互通。活动是人员交流的载体。广泛开展文化交流活动,是企业进行公共外交的重要内容。通过这些活动,能够促进外方了解中国文化,也可以通过活动学习外方文化,进一步消除误解和隔阂,从而促进工程项目的稳步实施。在开展文化活动方面,被调研企业的普遍做法是举办中国传统节日的集体活动,组织中外员工一起观看中国电影等。这些活动一方面能够增强中方员工对祖国的归属感,另一方面也宣传了中国文化,加深外方人员对中国文化的了解。这其中,有些企业有一些独特的做法,如中国铁路总公司国际集团公司通过举办国际展会的方式,推广中国高铁工程科技。该公司在泰国、马来西亚以及新加坡等地的中心地带,如中央火车站等地,开展展览活动,长期讲解和介绍中国高铁的情况,为增加外方了解我国高铁技术取得了显著的效果。浪潮电子和海尔集团则通过举办全球性的工程科技大赛或研讨会,主动提供不同国家工程科技人员的交流平台。浪潮电子连续举办国际性的 ASC 超算大赛,举办了首届浪潮分析师大会,吸引了美国和亚太地区 30 多位分析师参加了交流大会;海尔集团举办了中德智能制造高端研修班,通过该平台海尔重点推介了其大规模定制模式,也学习了德国的工业 4.0 新动向。

在参与外方文化活动方面,中国中铁股份有限公司会鼓励中方员工积极参加外方的文体活动,如足球赛、羽毛球赛等。公司通过鼓励员工参加该类活动,促进中方员工感受外方文化、增强思想交流、加深互相理解,从而减少工程实施和科技推广中的矛盾。

履行社会责任,实施公益活动,塑造中国企业良好形象。开展公益活动是企业履行社会责任的一种方式,有助于提高企业的美誉度、知名度,从而在社会公众心中树立起良好的企业形象。[①] 公益活动对于跨国企业而言,不仅是对企业本身的考量,还要上升到国家和民族的高度。[②] 在国际上,企业的品牌有时候就代表着国家的品牌。如果企业在海外不能很好地承担经济和社会责任,则很有可能影响外交关系,甚至有可能造成外交危机。[③]

在受访的企业中,中国土木工程集团和中国路桥工程有限公司明确表示,他们在外项目人员都会配合当地社区进行公益活动,如建设公共活动场所、体育设施,修建学校和医院,必要时还会参与当地的抢险救灾活动等,这些公益活动很好地塑造了中国企业形象,得到了外方政府和人民的一致认可。除此之外,中国路桥工程有限公司还全资资助来华留学生累计 300 余名,并积极组织毕业留学生校友会活动,为企业海外品牌形象塑造和业务往来带来了积极影响。总的来看,企业已经意识到履行社会责任对于海外业务的重要性。

主动学习当地宗教文化、法律法规和商务规则,融入国际经营氛围。企业进入国外市场的那一刻,就开始面临各种不同于中国的法律法规、宗教文化以及商务规则,遵守这些规则是一个"全球企业公民"应尽的责任。受访企业都有一定的海外业务运营经验,在开拓国际市场时,都会主动学习当地的宗教文化、法律法规和商务规则,有些还建立了弹性工作制度与薪酬体系。比如,针对巴基斯坦的伊斯兰教文化,中国移动和中国土木工程集团通过大量雇佣当地员工参与管理,为其设置弹性工作时间,安排工期过程中考虑到当地员工的宗教信仰及做礼拜的需求,合理地安排工时,有效地减少了管理矛盾。浪潮电子表示,他们在早期开拓市场时,因不熟悉当地的用人制度,导致开拓成本和用工成本很高,甚至租房等问题都增加了大量成本。现在这些企业都已经拥有国际业务的运作经验,都会对员工进行文化培训,有意加强跨文化管理与人文交流,以促进工程项目成功实施。

从调研的情况看,企业都会对计划开拓的国家进行全方位的了解,主动对员工进行当地宗教文化、法律法规和商务规则的培训,以减少文化隔阂,降低

① 何颖琪. 论公益活动与企业形象的塑造[J]. 广东商学院学报,2012(S1).
② 曹艳春. "一带一路"建设中的跨文化管理[J]. 企业管理,2018(6).
③ 周鑫宇,孟超. 跨国企业的海外文化传播[J]. 对外传播,2012(3).

成本,初步形成了一套成熟的运营规范。有些企业还形成了具有借鉴意义的管理模式,如中国石油天然气集团按照国际油公司标准进行全球招聘,国内国际两套薪资体系和管理体系,吸引行业顶级高端人才,在文化的适应性和管理的流畅性上,都有显著的优势。

3. 高校参与"一带一路"工程科技人文交流的现状

当前,我国各高校以教育部印发的《推进共建"一带一路"教育行动》为纲领性文件,重点在语言、交通运输、建筑、医学、能源、环境工程、水利工程、生物科学、海洋科学、生态保护、文化遗产保护等"一带一路"沿线国家发展急需的专业领域开展合作。

党的十八大以来,我国不断加大援外培训力度,举办各类培训班 5000 多期,累计为受援国培养近 40 万名各类人才,涵盖工业、商贸、教育、医疗、农业、环境保护等多个领域。高校在承办这些培训班时,也更加积极。

在交流平台建设上,各高校在巩固传统国际交流合作优势的同时,主动建立"一带一路"国际教育联盟。目前,"一带一路"国际教育联盟总数量已经超过 30 个,发起单位多以中国内地高校或科研机构为主。

4. 非政府组织参与"一带一路"工程科技人文交流的现状

以华人商会、侨联以及行业协会为代表的非政府组织,是"一带一路"工程科技人文交流的重要参与者。在宣传"一带一路"倡议的价值;协助企业开展项目评估,帮助企业在驻地进行投资活动;协助搭建与当地政府、企业或人民的对话交流平台等方面,这些组织都发挥着巨大的作用。

2017 年 5 月,中国民间组织国际交流促进会宣布启动《中国社会组织推动"一带一路"民心相通行动计划(2017—2020)》和丝路沿线民间组织合作网络。目前已有 160 多个中外民间组织加入合作网络,有 90 多个中国组织加入行动计划。《2017 年度中国展览数据统计报告》统计显示,2017 年中国在境外自主办展达 123 场,其中,有 71 场是在"一带一路"沿线国家举办,展览总面积51 万平方米,占中国境外自主办展展览总面积的 61%。2015—2017 年,境外自主办展的热门举办地中,"一带一路"沿线国家的占比达 70% 以上。

(四) 工程科技人文交流的问题分析

工程科技人文交流关系到沿线国家的民心向背,既是建立国与国良好互动的民众基础,也是事关工程技术人员交流和企业海外投资成败的关键因素。当前,"一带一路"工程科技人文交流"少、短、浅"问题凸显。"少"表现在缺少对沿线各国宗教、文化习俗、政治派别、法律法规、禁忌等人文参数的完整指引,投资风险增大;"短"表现在人文交流活动追求短期效应,长效机制较为缺乏;"浅"表现在对所在国法律制度、商务标准和规则了解不足,导致中国标准的工程技术和装备缺乏竞争力或难以落地。此外,企业员工扎根当地的深度不足,文化适应能力差也是企业普遍面临的突出问题。

1. 政府参与"一带一路"工程科技人文交流的问题

政府作为"一带一路"的发起者和倡议者,需要做好顶层设计,为全社会参与"一带一路"建设提供指引。研究发现,政府在参与"一带一路"工程科技人才交流方面,还缺乏顶层设计。具体表现是:

各部门在对外交流方面各自为政,条块分割,难以形成人文交流的整体合力。工程科技人文交流涉及工程教育交流、研究合作、科技合作、企业社会服务、工程宣传、标准翻译与推广等诸多领域,而我国在这些方面的政府管理则存在条块分割。比如,有的部门主要负责教育交流,有的部门主要负责文化推广等,这样的管理体制难以满足"一带一路"工程科技人文交流的多样化需要,不但造成工程科技人文交流管理的薄弱与缺位,还造成工程科技人文交流缺乏系统性和责任承担机制。

后续运行中缺乏一些延续性政策和长远的机制性安排。"一带一路"的建设不可能一蹴而就,而是一个长久的可持续的发展过程。针对"一带一路"建设的机制性安排,需要具有延续性和长远性。从人文交流最主要的教育层面来看,我国高等教育交流合作机制,主要集中在俄罗斯、波兰、印度和以色列等国家,大部分的沿线国家尚未参与到与我国的高等教育的合作中来。我国同沿线国家高等教育合作的发展空间仍然很大,要在当前多样交流载体的基础上力争涉及更多的沿线国家,为建立更全面、务实的教育合作关系奠定基础。在已经建立的合作机制中,我国与东盟的高等教育合作机制相对完善,即便如此,也存在缺乏长远规划、影响力不足等问题,且没有稳定的论坛办会机制,交流论坛与会议的举行也缺少一定的体系。相比双边和区域交流合作机制,多边机制的体系更加紧缺。

中外人文交流项目众多,没有形成有效的监督机制。质量是中外人文交流的核心要义,中外人文交流机制也应有质量保障与监督机制。就目前来看,在中外人文交流实践中,如学生交流交换、学者出国研修与访问,乃至高校之间联合办学等,还没有一个有效的监督机制。具体而言,作为中外人文交流的重要支撑,各主管机构尚缺乏对各种形式的交流成果进行审查与监督。

2. 企业参与"一带一路"工程科技人文交流的问题

常态化合作机制的构建,能够为行为主体之间搭建一个良好的沟通交流平台和桥梁,有效地降低中间成本,减少合作各方的信息不对称和不确定性,并有助于调整行为主体间的政策行动和利益偏好。目前,我国企业参与"一带一路"沿线国家的工程科技人文交流时,尚存在许多急需解决的问题。

未形成常态化可持续的工程科技人文交流合作机制。具体来看,在主体上,合作以政府为主导,民间参与度低。在政府层面,由于"一带一路"沿线国家众多,包含东西方不同文明,地理跨度极大,尚未形成全面的定期双边或多边领导人会晤,没有定期举办工程科技人文交流高级别会议,因此政府宏观层面解决双边合作问题的能力有限。在民间层面,也缺乏常态化的智库研讨会、民间团体访问等形式的助力。本次调研的企业多为国企,他们的国际项目多是政府牵头、企业实施,仍然以政府为主导。在渠道上,也没有形成从中央到地方、从官方到民间,涵盖诸多领域的多元沟通和交流方式。

多主体平台间未形成有效互动。中国企业处在工程科技人文交流的前沿,需要政府的政策支持、高校和行业协会的智力支持,以解决项目实施中的工程科技人文交流问题;对国际交流来说,中外企业、政府、高校以及行业协会都需要一个交流的平台,共同协商项目实施问题。工程科技人文交流的平台较少,是受访企业反映最多的一个问题。

我国工程科技的快速发展,不断对工程人才培养提出更高的要求,现有的工程科技人才职业能力与市场需求的确有不匹配的地方,尤其是在国际视野、创新意识、创业精神、实践技能、社会责任、领导能力、全球胜任力等方面亟待加强。虽然高校和科研机构针对这一问题,加强了人才培养与企业对接平台建设,深化校企合作,但是,由于信息不对称,多主体平台间未形成有效互动,搭建平台的作用没有充分发挥。

中国工程标准在国际市场上的认可度有待提高。欧美等发达国家凭借其强大的综合国力及其技术标准语言使用范围宽广的优势,使美标、欧标等成为业主优先选择的工程建设标准,在此基础上获得了巨大的市场份额和利润空间。甚至,一些项目所在国经手人员普遍接受西方教育,也倾向于采用欧美标准。而中国工程技术标准国际化程度不高,尚未大批量推出能够让国际社会轻松读懂的外文版,在国际上未被广泛接受。再加上文化、语言差异、复合型人才缺乏等方面的原因,中国企业在勘察设计、工程咨询、项目管理等方面的国际竞争力明显不足,所占的国际市场份额依然很小。一些受访者表示,有些国家只认可欧美认证的产品,对中国的工程技术标准不了解,他们不得不做大量的测试以满足外方的认证标准需求。

3. 高校参与"一带一路"工程科技人文交流的问题

高校自发搭建合作联盟"多、小、散",且合作领域重叠,缺乏整体协同。目前,高校自发成立的联盟已经超过三十个。一些综合性的教育联盟实际上已经包含了教育合作的所有可能领域,合作的主体也涵盖了高校和科研院所。如丝绸之路大学联盟已经成立了法学院、管理学院、法医、先进制造、能源、航空航天以及化工等 7 个子联盟,①其中一些机构在合作领域上出现重叠。在专业教育中,农业教育领域的"一带一路"南南合作农业教育科技创新联盟和丝绸之路农业教育科技创新联盟都属于农业教育综合合作联盟,其合作领域已经包含动物科学、茶学等农业相关领域。但是,仍有高校成立了动物科学、茶学等专业联盟。其次,在工科教育、职业教育和产学研合作类联盟中,也都有领域重叠的现象。"一带一路"国际教育联盟的主要目的之一就是强化与国内外高校的合作,以期形成人才培养的合力。如果相同领域出现多个联盟,甚至一个联盟成员参加了多个同领域联盟,势必会分散成员精力,造成资源浪费,合作效率降低等问题。

缺乏与国际组织的对接渠道,未充分利用外部资源。高校参与"一带一路"工程科技人文交流,主要还是根据政策自发地组织相关资源进行参与,很少利用国际组织资源,如联合国教科文组织(UNESCO)、亚投行(AIIB)、世界银行(WB)等,进行更有影响和更具国际合法性支持的人文交流活动。中国与国际组织在教育领域参与活动、学术研究和享有地位等方面存在较大的差距。其主要表现为,参与国际教育组织数量少、国际组织中地位不高、发挥国际教

---

① 丝绸之路大学联盟网站. http://uasr. xjtu. edu. cn/syl/lmgk/jbgk. htm.

育影响力小、参与国际组织官员与技术人员少、国际组织相关教学研究薄弱。为了加快中国教育国际化进程，争取并建立和平稳定的国际教育环境，发挥负责任大国的全球形象，中国必须积极参与到国际教育制度、机制和标准的创设过程中去，必须重视中国同国际组织的关系。

高校与企业缺乏全面有效的信息沟通和对接渠道，未能形成优势互补，互利共赢的良好局面。 对企业的研究发现，企业对工程科技人文交流的平台呼声较大，特别是希望能够有一个与高校进行对话的平台。企业在外国的工程项目，往往需要高校给予人才支持，为其不断地输送人才，提供智力支持和技术服务。高校作为科技创新的引领者，应该负起社会责任，主动为企业提供智力支持。"一带一路"联盟的数量众多，高校需要进一步与企业形成有效的信息沟通和对接，提高资源的利用效率，从而形成优势互补，互利共赢的良好局面。

部分高校对"一带一路"倡议认识不清，未能将"一带一路"建设与学校未来发展有效地结合起来。 高校在如何处理好参与"一带一路"倡议与做好本职工作二者关系方面，尚未形成统一共识。党的十九大关于《中国共产党章程（修正案）》的决议明确提出，将推进"一带一路"建设等内容写入党章。这充分体现了在中国共产党领导下，中国高度重视"一带一路"建设、坚定推进"一带一路"国际合作的决心和信心。在此背景下，高校应该深入研究"一带一路"倡议，依据《教育行动》内容，充分利用好"一带一路"倡议给高校带来的发展机遇，进一步提高国际化水平。目前，部分高校并没有充分认识"一带一路"在高校发展中的位置，对"一带一路"的认识尚显不足，从而导致部分高校在"一带一路"国际教育联盟建设上存在深度不足、盲目跟风、犹豫观望等问题。

第三章 "一带一路"工程科技人才培养的重点领域与主要模式

一、"一带一路"工程科技人才总体需求

"一带一路"建设已逐渐成为沿线国家经济发展的新引擎、新动力。据2017年《"一带一路"经济发展报告》中数据显示,"一带一路"沿线国家GDP总量以及占世界的份额均呈持续增长趋势(见图4)。

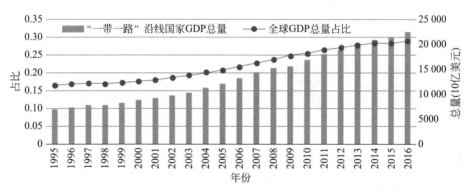

图4 "一带一路"沿线国家GDP总量与全球GDP占比趋势图

资料来源:国家开发银行、联合国开发计划署、北京大学."一带一路"沿线经济发展报告.北京:中国社会科学出版社,2017.

人才需求与产业结构具有复杂关系,沿线国家的发展阶段和GDP增长的驱动要素有很大差别。我们要清醒地认识到,一方面,"一带一路"建设为带动沿线发展中国家乃至全球经济复苏做出不可忽视的贡献;另一方面,"一带一路"促进沿线国家的可持续发展也必将是一个长期过程。特别是,"一带一

路"沿线大多数为发展中国家,多数处于国际产业链的中下游,部分国家的经济仍处于要素驱动阶段,很多具有资源密集型和劳动密集型特点。短期的投资驱动会带来经济增长,但是,要可持续发展,需要带动沿线国家的能力建设,例如,通过工程科技和教育合作,带动一些国家和地区从要素驱动向创新驱动升级。这就必然需要有一大批工程科技人才的支撑,我国和东道国要增加促进技术创新的人才供给。

(一) 工程科技人才需求总体趋势

产业结构调整将带来劳动力分布的调整。根据国际劳工组织数据,2001年以来,全球三大产业从业人员数量需求产生重要变化。特别是在"一带一路"国家较为密集的亚太地区,2001—2020年,第一、二、三产业从业人员数量变化很大,农业从业人数快速下滑,服务业与工业从业人员数量迅速上升(见图5)。需要指出的是,自2010年起,亚太地区工业从业人数虽然仍呈逐年增长趋势,但增长势头与同期服务业相比有所减缓。非洲及阿拉伯地区三大产

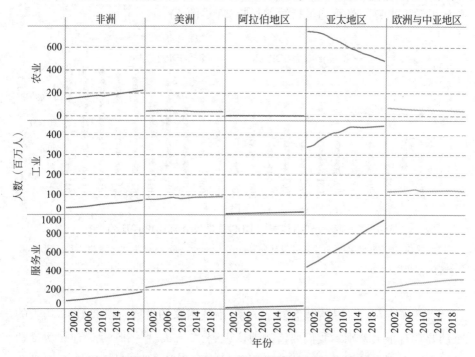

图5 国际劳工组织三大产业从业人员数量增长统计与预测

资料来源:IOLSTAT. 2018,国际工程教育中心课题组整理

业从业人员数量也在逐年递增,只是变化趋势较小。欧洲和美洲地区的三大产业从业人员没有明显变化。

全球高等教育工程类毕业生数也呈现逐年上升趋势(见图6)。这些工科类毕业生进入劳动力市场后,将成为未来人才的重要储备。

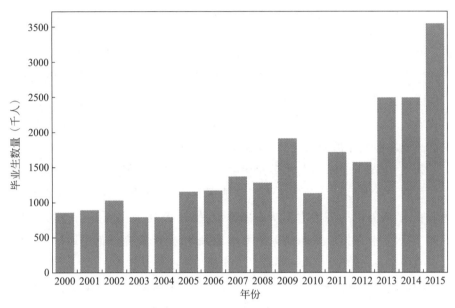

图6　高等教育阶段工程、制造、建造领域毕业生统计

资料来源:联合国教科文组织统计所、国际工程教育中心基于 2018 年 4 月可得数据整理

以六大经济走廊为引领,以海陆空通道和信息高速路为骨架,以重大工程为依托,"一带一路"沿线将形成复合型的基础设施网络。"一带一路"铁路、公路、桥梁、电网、光缆、机场、港口、油气管道等基础设施建设项目,产业经济带建设,国际产能合作,东道国工业园区建设等,都对工程人才提出迫切要求。以铁路为例①,根据各国铁路规划信息,未来 20~25 年(2040 年前),世界铁路建设需求为 12 万~15 万公里。其中高铁建设需求约 1.5 万~3 万公里(不含中国),投资总额 0.6 万亿~1 万亿美元。轨道交通装备新造市场和维修市场容量 1330 亿美元,其中新造市场 654 亿美元、维修市场 676 亿美元。这对制造、运营、维修等各种类型的人才产生了巨大的新需求。

---

① 孙永福等. 中国铁路"走出去"发展战略研究[M]. 中国铁道出版社,2019.

（二）工程科技人才需求研究分析

"一带一路"倡议提出后，各行各业开始关注对"一带一路"工程科技人才的需求。这种需求，不仅仅限于中国企业，还包括沿线国家对工程科技人才的需求。

沿线国家来华留学生需求一部分来源于中国"一带一路"的基础建设项目。在中国的帮助下，沿线国家交通运输、建筑、信息通信、能源和金融五大行业迅速发展，成为"一带一路"经济战略中的重点发展领域。大批铁路、公路、产业园区建成后的运营、维护和管理专业人才急需补充，时间上刻不容缓，本地优质人才成为最优选择。而在海外不同地区与行业中，适合中国企业发展的高品质本地人才最为缺乏，且很难在短时间内培养起来。

未来，中国企业海外人才多元化是一个发展趋势，但从目前数据看，海外人才招聘力度尚显不足。从海外招聘数据看，72%拥有海外业务的受访中国企业表示，海外机构员工主要从中国外派，另外28%采用海外招聘的方式[①]。因此，中国企业在拓展海外业务招募本地人才时，需要充分借助政府的力量，这对中国企业"走出去"的海外布局能起到积极的推动作用。

中国企业对接高校启动留学生项目。由中国路桥工程有限责任公司(以下简称"中国路桥")承建的连接东非蒙巴萨港和内罗毕的蒙内铁路建设，后期服务就面临着人才供需问题。基于此，中国路桥和北京交通大学积极启动了肯尼亚留学生项目。从2016年起，两批共计60名肯尼亚学生来到北京交通大学，进行为期四年半的学习生活[②]。

中国高校创新人才培养方案。中国地质大学(武汉)积极创新，根据不同的培养方向提出了金色、蓝色、绿色的"一带一路"国家人才培养方案。金色侧重于培养地质、土木、道路和桥梁等基础建设和工程技术高层次国际化人才；蓝色侧重培养资源能源开发利用等领域的高层次国际化人才；绿色侧重培养经济管理、金融服务等领域高层次人才。学校与中国企业签订的来华留学生联合培养协议，使留学生毕业回国为中国企业工作成为其首选。2018年7月，中国地质大学(武汉)丝绸之路学院为来自巴基斯坦、也门等国的首届99名毕

---

① 数据来源：领英. 中国企业迈向"一带一路"，2021-03-18.
② 数据来源：http://www.sczk.com.cn/news/74160e9907474ed98556cadac14d66b7.html, 中国教育报.

业生授予学位①。

研究院开设培训项目建立相应培训体系。中国空间技术研究院为培养沿线国家本地工程科技人才做出了突出的贡献。为响应国家"一带一路"倡议，中国空间技术研究院从国际航天交流合作，逐步扩大到技术转让领域，开设了"国际卫星工程师培训项目"，建立了高效的国际卫星工程师培训体系。2016年12月，研究院下属的神舟学院经过教育部批准正式面向"一带一路"沿线国家招收国外留学生来华攻读航天专业硕士学位。从2005年至今，国际客户培训项目已经成为中国实施卫星交钥匙工程中的一项重要保障手段，为中国航天多个整星出口项目提供了重要支持，比如，尼星1号、巴星1R、白俄星1号等。研究院以航天技术交流合作为牵引，进一步拓展中国航天国际市场，并横向带动国际客户在其他高科技、新能源领域的需求以及与中国合作的契机，累计创汇3300余万美元。

（三）工程科技人才需求领域分析

"一带一路"是各国共商、共建、共享的共同事业，将搭建起国家与国家之间的桥梁，建立起人民与人民之间的友谊。"一带一路"的"五通"目标指出国家间需要政策沟通、设施联通、贸易畅通、资金融通和民心相通。"五通"目标同时也表明了沿线国家间合作的重点领域：交通设施、信息通信、能源资源、制造业、冶金与化工、生态农业、医疗健康、人才培养、人文交流等。

基础设施互联互通是沿线国家建设的优先领域，能够帮助沿线国家推动国际骨干道路建设，形成基础设施网络。目前，沿线国家的基础设施建设正在急速推进中，大量铁路、公路、桥梁、产业园区、港口、机场、油气管道、电网、光缆等建设已经完成，并逐渐过渡到运营、管理和维护阶段。同时，海外工程的利好前景也吸引了跨境电子商务等新型商业业态的介入，无数贸易、投融资领域的大型企业涌入其中。因此，沿线国家在重点发展领域的工程科技人才需求已经呈现出急速攀升的态势。

二、"一带一路"工程科技人才培养重点领域

根据《推动共建丝绸之路经济带和21世纪海上丝绸之路的愿景与行动》

---

① 数据来源：http://epaper.gmw.cn/gmrb/html/2018-07/04/nw.D110000gmrb_20180704_2-04.htm，光明日报.

中提出的与沿线各国的合作重点，未来基础设施建筑行业、能源资源行业、信息通信行业、交通运输行业、金融行业将成为"一带一路"的重点发展行业，也是工程科技人才培养的重点领域。

（一）建筑基础设施领域及沿线人才规模

1. 建筑基础设施领域

"一带一路"倡议背景下的国际基础设施发展模式正出现新的变化，新政策、新金融、新技术的出现为"一带一路"跨国基建发展注入了新动能。基础设施互联互通是"一带一路"建设的优先领域。我国必须抓住交通运输重点工程，配套完善道路安全防护设施和交通管理设施设备，提升道路通达水平。

2. 沿线建筑人才规模

人才库规模：在建筑行业中，"一带一路"沿线的南亚地区拥有将近130万的行业人才，在埃及则拥有10万多的建筑人才。与交通运输行业一样，南亚的建筑行业人才主要集中在印度，占区域总人数的85.2%。[①]

（二）能源领域及沿线人才规模

1. 能源领域

在沿线国家普遍认可"一带一路"倡议的基础上，我国将能源资源作为未来"一带一路"建设的主要着力点，用心培育并使其发挥关键驱动力作用，带动沿线各国经济和社会发展，进而打造成为"一带一路"沿线国家政治、经济、外交关系的压舱石。为此，应从战略全局看待能源资源问题，在政策规划、基础设施、制度安排、资金投入等方面，围绕能源资源开展合作，谋求共赢。

2. 沿线能源人才规模

人才库规模：在能源行业中，"一带一路"沿线的俄罗斯及中亚地区拥有将近29万行业人才，东南亚拥有超过54万的行业人才。在"一带一路"五个行业中，能源行业人才总量偏少。俄罗斯及中亚和东南亚的能源行业人才分别

---

① LinkedIn 中国企业迈向"一带一路"：人才大数据下的中国经济外交：40.

集中在俄罗斯和印度尼西亚。①

（三）信息通信领域及沿线人才规模

在信息通信行业中，"一带一路"沿线的西欧地区拥有将近 480 万的行业人才，东南亚拥有将近 160 万行业人才。在五个行业中，人才总量最丰富。英国在信息通信行业人才储备上位居西欧榜首；菲律宾、印尼、马来西亚和新加坡在东南亚信息通信行业人才数量上占据前四，且总体上占东南亚国家信息通信人才数量的 83.7%。

（四）交通运输领域沿线人才规模

1. 交通运输领域

交通运输行业在推进"一带一路"建设方面承担了重要任务，取得了积极进展。一批境内外铁路、公路、港口、机场和跨境桥梁等基础设施项目相继开工建设，中欧班列、国际道路、国际海运、国际航空、快递等国际运输服务网络逐步完善，不仅促进了设施联通，而且在加强与沿线国家经贸合作、便利人员往来、推动"一带一路"全面建设中发挥了先行和基础作用。

2. 沿线交通运输人才规模

人才库规模：在交通运输行业中，"一带一路"沿线的东南亚地区拥有 42 万多的行业人才，南亚拥有超过 68 万的行业人才，而南非及东非两国拥有总计将近 19 万的交通运输人才。在"一带一路"五个行业中，交通运输行业人才总量偏少。东南亚的人才在各国分散分布，而南亚和非洲分别集中在印度和南非。②

（五）金融工程领域及沿线人才规模

1. 金融工程领域

"一带一路"建设带来金融新需求。系统性的国家战略离不开全方位、多

---

① LinkedIn 中国企业迈向"一带一路"：人才大数据下的中国经济外交：49.

② LinkedIn 中国企业迈向"一带一路"：人才大数据下的中国经济外交：39.

元化的金融支持,如拓宽融资渠道、分散投资风险、优化资源配置等。"一带一路"建设的实施,蕴含着大量的金融服务需求,包括基础设施建设融资的需求、贸易投融资便利性的需求、对外综合金融服务的需求、创新金融服务模式的需求、防范化解金融风险的需求以及复合型金融业人才的需求。

2. 沿线金融工程人才规模

金融行业中,"一带一路"沿线的西欧地区拥有 430 多万行业人才,在东南亚则拥有 140 多万金融人才。在"一带一路"五个行业中,金融工程行业人才总量最多。西欧和东南亚的金融人才分别集中在英国和印度尼西亚等经济总量较大的国家。西欧的金融行业人才中,高级职位(总监及以上级别职位)的人才比例为 20.6%。在东南亚的金融行业人才中,高级职位(总监及以上级别职位)的人才比例为 14%,初级职位人才占比达到 40.1%。[①]

根据领英公司 2016 年《国有企业国际化与多元化人才策略调研报告》,"一带一路"沿线的人才需求重点在交通运输、建筑、信息通信、能源和金融五大领域。在这些领域中高级别人才稀缺,特殊技能人才难找的问题十分突出(见图 7)。

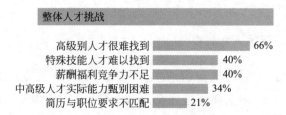

图 7 国有企业国际化人才需求挑战主要因素

资料来源:国有企业国际化与多元化人才策略调研报告,2016,国际工程教育中心课题组协助整理

课题组对 14 家企业的调研与访谈也印证了以上观点。被调研企业中,中国土木工程集团公司、中国路桥工程有限公司、中铁股份有限公司、中国石油天然气股份有限公司勘探开发研究院,均提到"一带一路"建设中高级别人才和特殊技能人才缺口很大。浪潮集团、海尔智能研究院的代表均表示,企业若想在国际市场站稳脚跟,必须着力培养一大批掌握现代管理科学理论和方法的国际工程项目管理人才。此外,伴随产业经济带建设的不断升级与加强、国

---

① LinkedIn 中国企业迈向"一带一路":人才大数据下的中国经济外交:71.

际产能合作不断深入以及东道国工业园区设施不断完善,公共关系类人才需求也在逐年增长。总体而言,"一带一路"建设,对各类人才的跨文化适应力提出了更高的要求。

三、"一带一路"工程科技人才培养类型

工程科技人才培养的需求,既包括"一带一路"沿线国家的需求,也包括我国企业走出去的自身需求。课题组通过大量调研走访,认为"一带一路"沿线国家对工程科技人才需求,具有多类型、多层次、范围广、数量多、要求高等特点。人才需求主要有四大类型:技术技能型、工程管理型、商务法律型和公共关系型人才。四类人才从事的工作以及能力短板如表2所示。

表2 "一带一路"工程科技人才主要需求类型

需求类型	从事工作	人才短板
技术技能型	设计开发、生产操作、运行维护	本地化人才素质亟待提升,外派人才的标准对接能力、沟通能力不足
工程管理型	项目管理、技术培训、人力资源	"技术+管理"复合型人才匮乏,外派人才语言能力、跨文化适应力不足
商务法律型	国际财经、商务谈判、知识产权、海外诉讼	高级人才严重匮乏,风险规避能力差
公共关系型	政府关系、社区关系、媒体关系	雇员中精通当地文化的人才严重不足

资料来源:国际工程教育中心课题组整理

(一) 技术技能型人才

"一带一路"沿线国家开展基础设施建设,需要大量产业技能人才。在设施联通方面,"一带一路"重点在于建设六大经济走廊,打通这些国家和地区的交通大动脉,加上与之配套的能源、通信干线等各项工程建设,需要非常庞大的专业技术人才队伍。

在技术技能人才方面,由于项目复杂性、跨领域、跨专业等特点,目前本地化人才素质亟待提升,外派人才对相关标准掌握能力、沟通能力不足。因此,对工业制造业技术技能型人才提出了更高要求。

（二）工程管理型人才

由于沿线不同的国家和地区在企业管理体制、机制方面的巨大差异,中国企业在走出国门的过程中首先面临管理模式的变革。"一带一路"建设项目成功推进的核心,在于培养大批熟悉和了解沿线国家与地区的工程管理专业国际化人才。只有培养一批具有国际工程项目管理专业知识和技能,掌握现代管理科学的理论和方法,熟悉与国际工程咨询和承包相关的法律及国际惯例,并有着良好的国际交往能力、创新思维的工程项目管理人才,才能协调优化跨国背景下的管理流程和管理方式。只有大力培养一批具有国际工程管理专业知识技能的专业型工程管理人才,方能在国际交流合作中对项目管理、技术培训以及人力资源保障等方面做到本土转化、深入合作和协调运行。

（三）商务法律型人才

当前,高级商务法律型人才严重匮乏,风险规避能力差,尚不能满足海外项目的发展需求,急需能够从事国际财经、商务谈判、知识产权、海外诉讼等行业的商务法律型人才来弥补。"一带一路"沿线国家的国情不同,政治、经济、文化制度不同,中国企业在经营国外市场时就需要适应当地的经济环境和市场环境,主动调整自身商务模式。

（四）公共关系型人才

公共关系型人才就是在"一带一路"建设中,具有公共关系知识或技能,能以其创造性的工作推动中国与沿线国家的社会公共关系发展、进步,确保在沿线国家开展的工程项目顺利进行的人才。雇员中精通当地文化的人才严重不足,沿线建设需要培养公共关系型人才从事政府关系、社区关系、媒体关系等工作,践行"一带一路"目标和理念,开创地区新型合作。

四、"一带一路"工程科技人才培养模式

"一带一路"工程科技人才培养模式主要有学位教育(培养)和非学位教育(培训)两种,培养对象包括东道国当地人才和我国派出人才两类(见图8)。

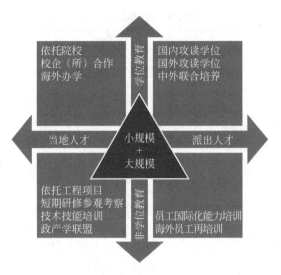

图 8 "一带一路"工程科技人才培养模式

资料来源:国际工程教育中心课题组整理

(一) 学位教育人才培养模式

1. 为"一带一路"沿线国家培养当地人才

依托院校

以北京航空航天大学卫星导航方向国际研究生项目为例。该项目旨在培养具备宽广扎实的基础理论和深入系统的专业知识,具有从事科学研究、技术应用或独立担负专门工作的技能,能够成为卫星导航领域的复合型、应用型高端人才。卫星导航方向国际研究生项目培养过程分为两个阶段(见表3)。

工程人才培养经验。我国建立了全球的卫星导航系统,希望各个国家都能用起来。北航是国家"北斗走出去"专项行动的专家组支撑单位。北航北斗丝路学院主要向"一带一路"国家推广北斗系统,为"一带一路"沿线国家培养空间科学技术方面的人才。学院师资团队优良,其构成包括国内高校、国内研究机构、国内政府机构、国内企业、海外高校。此项目至 2018 年已有五届毕业生,来自 17 个国家的 78 名毕业生,多数已成为本国卫星导航部门的技术骨干、行业主管或者与我国合作项目的负责人。

表3　卫星导航方向国际研究生项目培养过程

学习阶段	学习项目	学习期限	授课地点	学习内容	取得证书
第一阶段	课程学习	9个月	北京航空航天大学	模块一:公共课程(学分≥9); 模块二:专业课程、讲座、参观; 模块三:实践课程	总学分≥27获得课程结业证书
第二阶段	论文研究	6~12个月	中国或本国	文献综述和开题报告; 学术活动(至少5次); 论文研究;中期检查; 论文答辩	工学或法学硕士学位

资料来源:国际工程教育中心课题组整理

校企(所)合作

以中国空间技术研究院国际硕士项目为例。为了更好地将学位教育与航天工程实践相结合,2016年12月,研究院下属企业大学"神舟学院"经教育部批准已正式面向"一带一路"沿线等友好国家招收国外留学生来华攻读航天专业硕士学位。目前已有巴基斯坦、白俄罗斯等国留学生前来学习。航天教育要"走出去",中国航天远程教育系统以中国航天技术及资源为基础,结合先进的技术教育内容资源,面向该领域内不同阶层的受众提供远程的技术培训、研讨论坛、学历教育和资源共享。

海外办学

以厦门大学马来西亚分校为例。该校在校生约有4100名,已有来自马来西亚、印度尼西亚、孟加拉国、埃及等22个"一带一路"沿线国家的学生在这里求学深造。分校开设的专业数量为15个,涵盖文、理、工、医、商等多学科门类。

工程人才培养经验。借助丰富的华侨资源,融入当地社会,探索海外办学模式。高校在海外设立分校学院,培养共建"一带一路"所需的国际型工程人才。要规范海外联合办学,确保健康发展。2017年"一带一路"沿线国家设立海外分校的情况如图9所示。

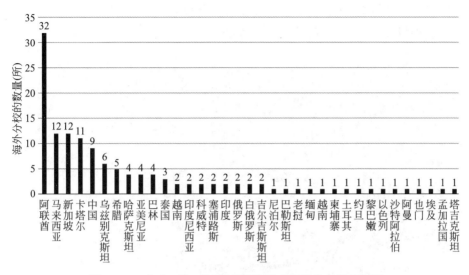

图9 2017年"一带一路"沿线国家设立海外分校发展概况

资料来源:张瑞芳."一带一路"沿线国家境内海外分校发展现状研究.世界教育信息,2017(20).

2. 为中国企业培养派出人才

学位教育(培养)的另外一类培养对象是派出人员,主要途径分为在国内攻读学位、赴国外攻读学位和中外联合培养三类。

派出人才在国内攻读学位,主要是企业选派技术、管理骨干安排其在国内攻读学位,培养特点是规模很小、周期长、成本相对低。派出人才在国外攻读学位与国内攻读学位类似,但是成本相对高。而中外联合培养从经济角度考虑性价比更高,派出人才在享受中外联合教学优势的同时还可以兼顾成本要素。

(二)非学位教育人才培训模式

1. 当地人才

依托工程项目

以中马铁路人才培养计划为例。中国交通建设股份有限公司(中国交建)马来西亚东海岸铁路项目,依托东铁工程项目,与当地院校合作,同时引进国内工程专业具有优势的大学和专家资源,以优质高端资源培养当地工程人才的同时,通过联合授课,充分交流,也培养和带领出一批当地的工程人才。东铁工程项目发展与人才培养模式关系如图10所示。

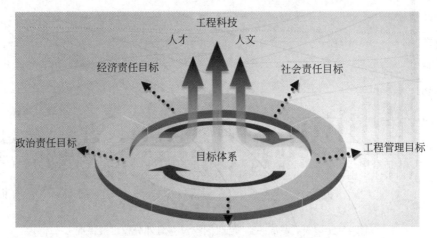

图10　东铁工程项目发展与人才培养模式关系

资料来源:国际工程教育中心课题组整理

工程人才培训经验。东铁项目突出强调当地人才的能力建设,得到了马来西亚当地社会的赞赏。东铁铁路项目结合马来西亚的经济、人文、社会环境和风土人情,公司在合同签署期,提出以培训当地工程师为主的项目人才发展战略,提倡企业社会责任的担当,打造体现工程伦理的优质工程项目。项目实践表明,人才培训与人文交流是工程科技海外发展的重要基础,正是这两方面能够使得企业的经营目标、社会目标顺利完成,为中国企业海外发展保驾护航。东铁工程科技人才培训模式如图11所示。

短期研修参观考察

以联合国教科文组织国际工程教育中心"微专业"线上学习线下培训举例说明。联合国教科文组织国际工程教育中心 2018ICEE&IKCEST 国际工程教育援外培训班采用线上与线下相结合的教学模式,由专业讲师讲授计算机基础编程、科学思维和开发方法论,分享工程科技发展与创新、卓越工程师成长的历程和故事。经过三个月的线上学习,完成线上培训且通过考核的学员将获得线上微专业结业证书,优秀的学员将受邀进入清华大学完成线下阶段(3~7 天)的学习,考核合格后将获得线下培训结业证书。该培训班旨在培养"一带一路"国家的工程科技人才,是借助现代信息技术开展沿线国家工程科技人才短

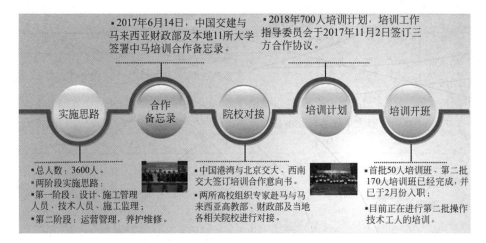

图 11 东铁工程科技人才培训模式

资料来源:国际工程教育中心课题组整理

期研修参观考察的典型案例。

技术技能培训

以中国空间技术研究院神舟学院国际卫星工程师培训项目为例(见表4)。中国空间技术研究院注重通过人才培养提升能力建设,对国际卫星工程师培训,强调项目设计要进行客户需求分析。其教学方式设计包括课堂授课、工作坊、虚拟卫星设计、卫星研制现场观摩+动手实践、卫星在轨模拟操作培训。

表 4 神舟学院-国际卫星工程师培训项目

项目名称	周期(月)	人数(人)
2005 年东盟卫星技术培训	1	25
2006 年尼日利亚通信卫星一号培训	15	54
2009 年巴基斯坦通信卫星一号 KHTT 项目	28	61
2011 年巴基斯坦通信卫星一号操作培训	5	20
2012 年委内瑞拉遥感卫星一号培训	12	52
2012 年玻利维亚通信卫星一号培训	18	68
2012 年科技部卫星技术援外培训	6	122
2013 年和 2014 年委内瑞拉两个中心技术培训	12	60
2014 年老挝通信卫星一号培训	8	35
2014 年白俄罗斯通信卫星一号培训	8	35
2014 年和 2015 年亚太九号通信卫星培训	2	100

续表

项目名称	周期(月)	人数(人)
2015 年和 2016 年阿尔及利亚通信卫星一号培训	18	48
2016 年发改委卫星技术援外培训	1	20
2016 年和 2017 年巴基斯坦遥感卫星一号培训	12	49
2017 年埃塞俄比亚卫星技术援外培训	1	10
总计	123	647

资料来源:国际工程教育中心课题组整理

政产学联盟

以西安交通大学丝路大学联盟、西南交大、中南大学等发起的"一带一路"铁路国际人才教育联盟为例。西安交通大学构建政府、高校、企业及社会组织协同机制(见图12)。打造"MOOC 中国"平台,做实丝路培训基地,开展"一带一路"人才培训。"MOOC 中国"是国内一百多所高校共同把优质教育资源集成起来,通过大规模在线开放课程的方式实现互联网教育,通过互联网教育为"一带一路"培养人才的新模式。该模式开展面向"一带一路"国家的人才培训,线上线下两种方式同步推进。网上学习分两类,职业培训和学历教育,以职业培训为主。培训的对象一类是到我国西部地区留学的外国留学生,另一类是在西安工作的"一带一路"国家的外籍来华的人员,还有完全面向"一带一路"国家的本土人才,以及在"一带一路"国家有业务的中国企业人员。

工程人才培训经验。高水平大学依托地域优势,建立专门学院,通过政产学协同开展人才培养,是丝路国际学院的主要经验。2015 年 5 月,西安交通大学发起成立了丝绸之路大学联盟(见图12)。目前,有 36 个国家 136 所大学加入了这个联盟。这个联盟主要是开展国际交流、人才培养、合作研究、政策研究、文化交流、社会服务六大任务。

2. 派出人才

员工国际化能力培训

以中国中车"631"国际化人才培训为例。中国中车在员工国际化能力培训方面打造出独特的培养方式,即"631"工程。"631"工程,即中国中车通过内部大学和子公司,培养 6000 名具有语言交流能力的国际初级人才;利用国内高校的优质资源和培训资源,培养 3000 名具有语言交流和跨文化管理的中

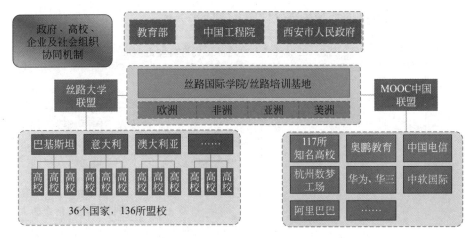

图12　西安交通大学政产学联盟的人才培养模式

资料来源：国际工程教育中心整理

级国际化人才；利用境内外高校、国际一流企业的优质培训资源通过境外公司的岗位实践，培养1000名具有国际化视野和胸怀、精通国际规则和国际化经营的高级国际化人才。

"631"工程是中国中车公司"十三五"人才战略"6116"工程的重要组成部分。该工程配合公司国际化发展战略，以培养精通国际规则、具有跨文化管理能力的人才为目标。工程由不同的国际化人才培养项目组成。其中，高级项目通过国内外高校和企业完成培训，英语技能和国际商务、国际礼仪、跨文化管理、全球化项目管理、跨国投资与并购等MBA课程同期开课，利用网络前置培训、境内集中培训、境外随岗实践、课题研究等培训方法实施系统培养。

海外员工再培训

以国家能源集团海外项目员工再培训为例。员工再培训是知识更新、能力增进的过程，国家能源集团对此十分重视。员工再培训是非学位教育的一部分，在海外工程人才培养过程中发挥着重要作用。在人员急需、技术急求的情况下，员工再培训成为知识与能力更新的普遍方式。双边培训则是国家能源集团海外项目员工再培训的模式特色，加强了外派人员与项目地员工的文化、管理知识与技术的交流。

（三）人才培养模式与典型案例

通过以上不同类别的工程科技人才培养模式的案例分析，课题组对工程科技人才培养模式及典型案例分析如下（见表5）。

表5　工程科技人才培养模式与典型案例

模式	培养对象	主要途径	主要特点	典型案例
学位教育（培养）	当地人才	依托院校	规模中等、周期长、成本较高	清华大学国际核能工程管理研究生项目、北京航空航天大学卫星导航方向国际研究生项目
		校企(所)合作	规模很小、周期长、成本较高	中国路桥公司-北京交通大学肯尼亚本科生培养项目、中国空间技术研究院国际硕士项目
		海外办学	规模很小、周期长、成本较低	厦门大学马来西亚分校
	派出人才	国内攻读学位	规模很小、周期长、成本较低	企业选派技术、管理骨干国内攻读学位
		国外攻读学位	规模很小、周期长、成本较高	企业选派技术、管理骨干海外攻读学位
		中外联合办学	规模很小、周期长、成本较低	上海理工大学中德国际学院
非学位教育（培训）	当地人才	依托工程项目	规模较大、周期短、成本较低	中国路桥公司蒙内铁路技术管理人才培养项目、中马铁路人才培养计划、中国移动巴基斯坦辛姆巴科公司劳动用工本地化
		短期研修参观考察	规模较小、周期短、成本较高	联合国教科文组织国际工程教育中心"微专业"线上学习线下培训、西安交通大学丝路学院培训、中国移动境外公司高层人才语言与文化培训

模式	培养对象	主要途径	主要特点	典型案例
非学位教育（培训）	当地人才	技术技能培训	规模较大、周期短、成本较高	中国空间技术研究院神舟学院国际卫星工程师培训项目、中国土木工程集团邀请国内高校海外培训项目、中国银联金融技术人才培训
		政产学联盟	规模较大、周期短、成本较低	西安交通大学丝路大学联盟、西南交大、中南大学等发起的"一带一路"铁路国际人才教育联盟
	派出人才	员工国际化能力培训	规模较大、周期短、成本较低	海尔集团全球研修项目、中兴通讯学院海外培训中心、中国石油勘探开发研究院迪拜项目"一对一"导师制、中国中车"631"国际化人才培训
		海外员工再培训	规模较小、周期短、成本较低	国家能源集团海外项目员工再培训

资料来源：联合国教科文组织国际工程教育中心课题组整理

第四章 "一带一路"工程
科技人文交流的典型活动与实践经验

公共外交理论对公共外交的主体和对象进行了明确界定。作为公共外交理论重要内容之一的人文交流,其实施主体和对象与公共外交一致。因此,借鉴公共外交理论中对主体的区分和对不同主体活动内容的判断,本章进一步探讨"一带一路"工程科技人文交流的典型活动与实践经验。

一、"一带一路"工程科技人文交流的典型渠道

(一)政府渠道

中国国家形象/工程科技产品的支撑与宣传活动。"一带一路"天然地与两大类部委相关,一类是经济主管部委,包括发改委、商务部、财政部和央行等部门,另一类是以外交部、文化部为代表的外交工作部门。这两类政府部门的统筹协调程度,决定了"一带一路"是否能够顺利推进。① 事实上,随着"一带一路"倡议的推进,"民心相通"的紧迫性已经超越了"互联互通"等有形的障碍。习近平主席指出:"真正要建成'一带一路',必须在沿线国家民众中形成一个相互欣赏、相互理解、相互尊重的人文格局。"②因此,在经济主管部委和外交工作部门协作的基础上,宣传部门的加入已成必然。宣传部门包括中共中央宣传部、中央对外宣传办公室(国务院新闻办公室)、中共中央对外联络部、

---

① 宋国友.中国周边经济外交:机制协调与策略选择[J].国际问题研究,2014(2).
② 习近平.借鉴历史经验创新合作理念,让"一带一路"建设推动各国共同发展.人民网. http://cpc.people.com.cn/n1/2016/0501/c64094-28317430.html.

国家广播电视总局和各级人民政府新闻办公室,以及附属国有企事业单位的宣传部门等。① 从政府层面,加强对中国国家形象/工程科技产品的宣传,推广中国工程科技价值观。具体的活动形式主要有产品博览会、国家形象宣传、企业/产品的大型营销推广活动、中国工程标准的翻译推广等。

(二) 高校渠道

以工程科技为特色的教育培训和学术交流活动。教育交流是传统的人文交流最重要的形式之一,工程科技人文交流也需要教育交流的助力,工程科技企业"走出去"需要大量的语言人才和懂得国际商业规则的复合型工程科技人才。作为人才培养中心的高校和科研机构,在参与工程科技人文交流方面,不仅可以为企业提供所需的国内人才,还能够以培养留学生的方式输送懂中国文化的当地人才。具体的形式包括工程教育援外、来华留学生工程科技领域学历教育和培训等。除了人才培养以外,工程科技理论的发展和工程科技问题的解决都需要高校和科研机构的智力支持。为此,高校和科研机构已经以学术会议、联合研究中心以及中外师生交流等形式,不断加强中国工程科技内部实力建设,宣传和推广中国工程科技的最新发展。

(三) 企业渠道

基于自身工程科技能力实施的社会责任行为。"一带一路"构想首先是一个对外开放的经济发展战略,政府通过对外合作与投资,建设基础设施,推动企业"走出去",承担起继续建设丝绸之路的重任。② 因此,企业是推进"一带一路"建设最重要的主体。政府搭完台,企业"走出去"就得靠自身的管理能力去完成项目运营。工程科技企业不同于其他企业最重要的一点就是,工程科技企业所实施项目,更多地需要改造自然,尤其是水利工程、铁路公路工程等,对环境的影响很大。要让外国政府、社区及人民相信我们的工程标准,相信我们在实施基础设施建设中保护自然环境的能力,就需要与他们进行充分的交流。这一交流的过程,不是价值观的强加,而应该是在工程科技人文交流的基础上,加深理解,促进民心相通。企业基于自身工程科技能力实施的社会

---

① 杨兴坤.网络舆情研判与应对[M]北京:中国传媒大学出版社,2013:97-107.
② 何茂春、张冀兵、张雅芃等."一带一路"战略面临的障碍与对策[J].新疆师范大学学报(哲学社会科学版),2015(3).

责任行为，是企业参与工程科技人文交流的重要形式，它包括企业在目的国开展的公益活动、社区服务等。

二、"一带一路"工程科技人文交流的实践

工程科技人文交流的实践经验，可以反映出各个主体在参与"一带一路"工程科技人文交流中的典型经验做法。通过对典型实践案例进行分析，可以更清楚地发掘各主体在参与"一带一路"人文交流中的细节和经验。

（一）政府层面

政府作为"一带一路"工程科技人文交流的顶层设计者和"指挥官"，在参与"一带一路"工程科技人文交流时，具有重要的引领和导向作用。涉及"一带一路"工程科技人文交流的政府机构众多，在"一带一路"工程科技人文交流中发挥着重要作用。

第一，"政策支持+资金项目+专门机构"：教育部全面对接"一带一路"教育行动。

发布《推进共建"一带一路"教育行动》，促进"一带一路"教育共同繁荣。教育交流为沿线各国民心相通架设桥梁，人才培养为沿线各国政策沟通、设施联通、贸易畅通、资金融通提供支撑。《推进共建"一带一路"教育行动》（以下简称《教育行动》）为整个教育界提供了共建"一带一路"的政策依据，同样也为工程科技教育提供了教育交流的参照和政策依据。《教育行动》也指出"一带一路"最紧缺的人才主要在语言、交通运输、建筑、医学、能源、环境工程、水利工程、生物科学、海洋科学、生态保护、文化遗产保护等领域，鼓励沿线国家在这些急需的专业领域进行合作。除了语言、文化遗产保护，其他均为工程科技领域的重点学科。

实施丝绸之路中国政府奖学金及中外合作办学项目。据统计，2016 年我国共选拔 226 名国别区域研究人才赴 34 个国家，选派 908 名涉及 37 门的非通用语种人才出国培训进修。与此同时，"留学中国"品牌正在逐步形成。教育部设立"丝绸之路"中国政府奖学金项目，每年向沿线国家额外提供总数不少于 3000 个奖学金新生名额。截至 2017 年 4 月，经审批的各类中外合作办学共有 2539 个。其中，本科以上层次项目和机构 1248 个，高职高专层次项目和机构 928 个，产生了一批示范性高水平中外合作办学项目，包括深圳北理莫斯科

大学、浙江大学爱丁堡联合学院等 15 个中外合作办学机构以及 57 个合作办学项目。同时,境外办学也在稳妥推进之中。截至 2016 年,我国高校已在境外举办了 4 个机构和 98 个办学项目,分布在 14 个国家和地区,大部分在"一带一路"沿线地区。4 个机构分别是老挝苏州大学、厦门大学马来西亚分校、云南财经大学曼谷商学院、北京语言大学东京学院。开设专业包括中国语言文学、中医药、中医针灸、中国传统武术、体育教育学、工商管理、法律、教育学、烹饪工艺与营养等。

设立教育部中外人文交流中心,统筹中外人文交流管理。2017 年 11 月 8 日,为贯彻落实党中央、国务院关于加强和改进中外人文交流的战略部署,进一步做好中外人文交流工作,经部党组研究决定,教育部设立中外人文交流中心。该中心的主要职责是:承担中外人文交流机制项目的具体组织实施,参与组织安排中外人文交流机制高级别会晤、双方会议等活动,参与协调对接中外人文交流机制外方委员会,宣传推广中外人文交流成果等。

扩大教育援外项目,重点扶持与"一带一路"沿线国家的合作项目。为进一步做好教育援外工作,更好地服务国家对外工作大局、服务国家"一带一路"战略、服务中外人文交流、服务中外高校教育合作,教育部国际合作与交流司从 2017 年起组织高校申报教育援外项目。项目要求侧重"一带一路"沿线国家和非洲国家在社会经济民生发展领域急需人才培养,满足中资企业"走出去"发展战略对当地人才的迫切需求,重点支持当地职业技术人员教育培训。针对工程科技企业技术培训需求,教育部设立了"中外'鲁班学堂'职业技术创新创业人才培养项目",鼓励院校结合"走出去"中资企业需求,与国外院校、中资企业合作培养当地实践应用型人才,促进产学结合,为"一带一路"工程科技人文交流提供了重要的培训平台。

第二,以促进商业发展为主体,以发展"一带一路"环保责任与援外培训为两翼:商务部在"一带一路"中的努力。

发布《对外投资合作国别(地区)指南》,促进企业了解外方经济环境。《对外投资合作国别(地区)指南》(以下简称《指南》)全面介绍了投资合作目的国(地区)的基本情况、经济形势、政策法规、投资机遇和风险等内容,是帮助国内企业规范稳健"走出去",更好防范和化解对外投资风险的"百科全书"。2017 年版《指南》覆盖了 172 个我国企业对外直接投资、对外承包工程、对外劳务合作的主要市场，系统介绍了各国（地区）与投资合作相关的法律法规，准确反映了各国（地区）经济形势和投资环境，客观体现了各国（地区）商业机遇和经营风险。①

2017 版《指南》按照党的十九大精神，特别围绕贯彻落实国务院《关于推进国际产能和装备制造合作的指导意见》，系统梳理了各国（地区）重点产业发展规划、发展情况和合作需求，增加了海关便利化情况、金融业投资规定和基础设施合作模式等内容，内容更丰富、可读性更强，可满足我国对外投资主体多层次的需求，对我国企业及时把握对外投资合作国家和地区政策及环境变化，科学进行境外投资合作决策，有效防范风险有着积极作用。

商务部联合环境保护部印发《对外投资合作环境保护指南》，引导企业积极履行环境保护社会责任。为指导我国企业在对外投资合作中进一步规范环境保护行为，引导企业积极履行环境保护社会责任，推动对外投资合作可持续发展，商务部于 2013 年联合环境保护部制定了《对外投资合作环境保护指南》（以下简称《环保指南》）。要求各地商务主管部门、环境保护部门加强对《环保指南》的宣传，指导我国企业在对外投资合作中提高环境保护意识，了解并遵守东道国环境保护政策法规，实现互利共赢。②

组织开展工程科技领域援外培训项目，为中国工程科技"走出去"提供智力支持。商务部国际商务官员研修学院是商务部直属的唯一教育培训机构，成立于 1980 年，由原外经贸部管理干部学院、亚太地区国际贸易培训中心合并而成。学院主要职责是，负责全国援外培训协调管理、援外培训执行、商务领域业务培训、党校培训和会议服务。自 1998 年以来，学院重点工作是开展对外援助项目下的援外培训，承办了数百期发展中国家官员研修班，培训了来自世界 160 多个国家和地区的近两万名官员，其中包括部分部级及以上官员，工作语言涉及英语、法语、葡语、阿拉伯语、老挝语、俄语、西语、朝鲜语等 8 种。在工程科技援外培训方面，该学院成功开展了老挝矿产资源开发基础技术海外培训班、发展中国家医疗设备研发与维护研修班、发展中国家建筑材料生产与加工研修班、几内亚水电项目管理人员研修班、发展中国家电力设备和技术

① 商务部网站. http://www.mofcom.gov.cn/article/i/dxfw/jlyd/201601/20160101232502.shtml.
② 中国"一带一路"网. https://www.yidaiyilu.gov.cn/zchj/zcfg/41314.htm.

发展研修班、发展中国家产能合作研修班等众多项目。①

（二）高校层面

基于对浙江大学、北京航空航天大学、西安交通大学、中国石油大学以及南京农业大学和河海大学的访谈和调研，我们总结了高校参与"一带一路"工程科技人文交流的一些成功做法。

积极落实《推进共建"一带一路"教育行动》，制订学校规划方案。 教育部印发的《推进共建"一带一路"教育行动》，是高校支持"一带一路"建设的纲领性文件。文件中明确指出，将进一步鼓励沿线各国高等学校在语言、交通运输、建筑、医学、能源、环境工程、水利工程、生物科学、海洋科学、生态保护、文化遗产保护等国家发展急需的专业领域与中国合作。对合作愿景、合作原则以及合作重点，文件也都做出了明确的部署。通过调研发现，各高校积极落实该文件，充分学习文件精神，部分高校根据文件精神制订了学校的规划方案，促进学校进一步落实《推进共建"一带一路"教育行动》。

巩固原有平台，发挥传统国际交流合作优势，重点维护"一带一路"沿线。 在"一带一路"倡议提出之前，各个高校就已经有相对成熟的国际合作平台。巩固原有平台，尤其是巩固与"一带一路"沿线国家之间的国际交流合作平台，是高校现有行动的主要内容之一。以南京农业大学为例，该校传统的国际交流合作优势与"一带一路"的一些沿线国家是重合的，如该校"对口援建"的肯尼亚埃格顿大学孔子学院、埃格顿大学作物分子生物实验室等。"一带一路"倡议提出后，该校积极巩固原有合作平台，加强与肯方的交流与合作。河海大学一直以来与"澜湄"国家有深入的国际交流合作关系，已经建立了成熟的合作平台。"一带一路"倡议提出后，该校继续发挥优势，组织实施了"'一带一路'水利高层次人才计划"和"孟加拉国水利人才培养计划"等品牌活动。

广搭新平台，主动建立"一带一路"国际教育联盟。 推进"一带一路"的建设，不仅需要高校间建立广泛的合作关系，推动中国与沿线国家的人文交流，也需要高校与企业等组织一道共建"一带一路"。在此背景下，国内外高校、科研机构与企业等多主体广泛参与的国际教育联盟纷纷建立。"一带一路"国际

---

① 商务部网站．http://pxzx.mofcom.gov.cn/article/z/201409/20140900726799.shtml.

教育联盟是由沿线国家至少一所高校或科研机构发起的,其他高校、科研机构、企业以及社会其他组织为了实现特定的战略目标而采取的资源共享、优势互补、合作共赢、共同发展的长期联合与合作协议。目前,"一带一路"国际教育联盟的发起单位以中国内地高校或科研机构为主,沿线国家高校多为联合发起单位或参与单位,总数量已经超过三十个(见表6)。

表6 "一带一路"国际教育联盟部分名单

序号	发起或理事长单位	联盟名称	成立时间
1	中联部当代世界研究中心	"一带一路"智库合作联盟	2015-04-08
2	西安交通大学	丝绸之路大学联盟	2015-05-22
3	兰州大学等	"一带一路"高校战略联盟	2015-10-17
4	河北大学伊斯兰国家社会发展研究中心	"一带一路"沿线国家研究智库联盟	2015-11-08
5	桂林理工大学等	"一带一路"国际教育发展大学教育联盟	2015-11-11
6	北京大学	"一带一路"新疆发展与中亚合作高校智库联盟	2016-07-09
7	上海交通大学	"一带一路"科技创新联盟	2016-10*
8	西北农林科技大学	丝绸之路农业教育科技创新联盟	2016-11-05
9	中国科学院	"一带一路"科技组织联盟	2016-11-07
10	江苏大学	"一带一路"国际人才培养产学联盟	2016-12-10
11	北京工业大学	"一带一路"中波大学联盟	2017-03-21
12	西北工业大学	"一带一路"航天创新联盟	2017-04-23
13	中央音乐学院	"一带一路"音乐教育联盟	2017-05-10
14	河海大学	"一带一路"水战略联盟	2017-06-03
15	陕西职业技术学院	"一带一路"职教联盟	2017-06-04
16	宁波职业技术学院	"一带一路"产教协同联盟	2017-06-10
17	贵州大学	"一带一路"人才培养校企联盟	2017-07-27
18	哈尔滨工业大学管理学院	"一带一路"商学院联盟	2017-08-26

续表

序号	发起或理事长单位	联盟名称	成立时间
19	广东轻工职业技术学院	"一带一路"职业教育联盟(广东)	2017-09-22
20	北京建筑大学	"一带一路"建筑类大学国际联盟	2017-10-10
21	电子科技大学	"一带一路"国际人才培养校企联盟	2017-11-28
22	中科院等离子体物理研究所	"一带一路"质子、超导及核能应用国际标准联盟	2017-12-04
23	黎明职业大学	"一带一路"职业教育国际化联盟	2018-01-30
24	中国农业大学	"一带一路"动物科技创新联盟	2018-03-19
25	中国计量大学	"一带一路"标准化教育与研究大学联盟	2018-05-20
26	广州铁路职业技术学院	华南"一带一路"轨道交通产教融合联盟	2018-05-21
27	中国医科大学	"一带一路"国际医学教育联盟	2018-05-26
28	中冶沈阳勘察研究总院	"一带一路"科研院所联盟	2018-06-14
29	西南交通大学与中南大学	"一带一路"铁路国际人才教育联盟	2018-06-19
30	福建农林大学	"一带一路"茶产业科技创新联盟	2018-06-20
31	中国农业大学	"一带一路"南南合作农业教育科技创新联盟	2018-06-22
32	贵阳幼儿师范高等专科学校	"一带一路"职业教育培训联盟	2018-07-27
33	浙江大学	"一带一路"工程教育国际联盟	2018-11-09

资料来源:1.表中所列联盟依据官方公开资料及各新闻网站整理而成;2. ∗表示具体日期无法查证,官方新闻仅给出月份;3.限于信息有限,可能还有一些联盟没有列出

除了上述实践经验外,有些高校也形成了独具特色的参与模式,如河海大学和南京农业大学。

对于河海大学来说,其成功经验主要是:首先要发挥长期合作优势,深耕"澜湄合作"等品牌交流项目(见图13)。在此基础上,该校积极探索将澜湄合作的品牌向"一带一路"沿线国家全面推广。其次是打造政产学合作共同体,

全方位满足"走出去"企业的发展需求。积极与企业和政府开展主动合作，充分发挥不同主体的互补优势，真正将人才培养、科研合作及人文交流落到实处。最后，积极探索海外办学模式，让国内教育资源"走出去"，并在老挝建立了第一个海外中心。

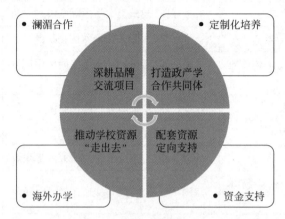

图 13　河海大学特色参与模式示意图

资料来源：国际工程教育中心课题组整理

对于南京农业大学来说，其成功模式可以总结为两点（见图 14）。第一，以"工程科技专业教育+中国文化教育"为特色的孔子学院作为工程科技人文交流的重要抓手潜力巨大。作为全球首家"农业特色型孔子学院"，肯尼亚埃博顿大学的孔子学院不单在传播中国传统文化、增进中肯两国交流与互动方面贡献很大，同时也为肯尼亚及东非提供了大量高素质的农业技术人员。第

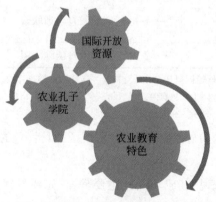

图 14　南京农业大学实践模式示意图

资料来源：国际工程教育中心课题组整理

二,围绕区域发展重大问题构建开放性的研究平台。该校建立的"亚洲研究中心"是整合国际资源而构建的开放性研究平台,其特点是"问题导向、立足特色、全球整合,合作共赢",为高校利用国际资源提供了典范。

(三)企业层面

企业是"一带一路"建设的重要参与者,企业在海外的业务项目,无论是成功还是失败,都会为企业进一步优化"走出去"策略提供借鉴。

埃塞俄比亚 GDHA500 千伏输变电工程项目:"知法守法+履行社会责任"成为项目成功法宝。作为中国工程成功走进非洲的标志,埃塞俄比亚GDHA500 千伏输变电工程项目由中电装备公司总承包建设。该公司的一些做法获得了良好社会效应,为项目建设与发展营造了和谐的社会环境。其主要成功实践经验包括:

第一,知法守法。埃塞俄比亚劳动法律十分严厉,充分保护劳动者权益,若用工前不深入了解,会给雇工管理埋下隐患。为此,在工程初始,项目部就研究埃塞劳动法,咨询其他中资企业,并结合项目实际情况,确定项目的用工思路。聘用当地有经验的律师作为项目专职律师,克服当地居民的排斥和抵触心理,为日后的工人管理打下了基础。

第二,签订劳动合同。埃塞俄比亚劳动法十分注重劳动合同,律师参照劳工部劳工合同范本,结合项目实际情况,确定了项目用工合同。劳动合同确定后,公司召集分包商和各施工队长,对劳动法和劳动合同进行讲解,并组织工人现场签订劳动合同,同时以书面形式确定公司劳工纪律,包括考勤、奖惩等,为日后有效人力资源管理奠定基础。

第三,管理方法创新。项目在当地雇员管理方面创新工作思路,对当地员工分层次雇用,做到精细化、规范化管理。同时,通过传承经验技能、组织节日联谊和不定期座谈会、评选"月度最佳员工"等形式,拉近同当地雇员的心理距离,控制潜在用工风险,工程实施过程中没有发生任何当地用工纠纷。

第四,履行社会责任,融入当地社会。项目部以树立"国家电网"品牌为宗旨,在保证施工质量的同时,积极开展爱心助教活动,先后三次到奥罗米亚州Holeta 地区中心小学捐赠电脑、文具、足球等教学用品,极大地改善了学校的教学条件,获得了良好的社会效应,为项目建设与发展营造了和谐的社会环境。

缅甸莱比塘铜矿项目：尊重民俗，重视社会责任促使项目"起死回生"。缅甸蒙育瓦莱比塘铜矿项目位于缅甸联邦西北部实皆省南部蒙育瓦镇，距离缅甸第二大城市曼德拉 120 公里。项目业主为中国兵器工业集团下属万宝矿产有限公司。莱比塘铜矿项目可以说是一个中国企业海外项目"起死回生"的典型案例。为了妥善解决铜矿开发的相关问题，作为铜矿项目的最大承包商，万宝公司积极投入社区建设和公益事业中，为稳定矿区局势和项目继续开发做了大量工作。其主要实践经验有：

第一，尊重民风民俗，乐善好施。缅甸是个佛教盛行的国家，民众对于佛教的信仰已经融入日常生活的每个细节。项目部充分尊重当地人民的宗教信仰，每年缅历"月圆节"，都组织人员到矿区周边的寺庙进行捐赠，为寺庙的僧侣们送去食用油、大米、袈裟、储物柜等生活起居必需品。经过多年的友好相处，当初反对项目的僧侣们逐渐改变了对项目的态度和看法。这充分说明了，企业了解和学习当地宗教文化和民风民俗的重要性。

第二，参与当地基础设施建设，重视企业社会责任。项目周边道路属于省道，过往车流量大，但由于年久失修，每年雨季过后低洼处有大量积水，严重影响到过往车辆和人员的通行。为此，项目部有效解决了道路积水问题，改善了周围道路交通，方便了周边民众出行。企业发挥社会责任的举措为当地民众带来了实实在在的好处，周边民众纷纷称赞项目部的种种善举，为项目的成功落地奠定了民心基础。

第三，尽量扩大本地化用工量，提供就业岗位。项目部在招聘用工方面确定了"同等条件下优先选择招聘矿区周边搬迁村民"的原则，较好地解决了矿区周边民众的就业问题。本地化用工的好处不仅在于帮助所在国解决就业问题，还能够提高企业在当地人民心中的地位，让当地人民认识到项目的顺利实施与他们的生活息息相关，也让他们亲身感受到项目带来的好处。

（四）非政府组织层面

基于对中国对外承包工程商会、中国铸造协会和中国施工企业管理协会这三个与中国工程科技相关的非政府组织进行研究，本节进一步梳理了我国非政府组织参与"一带一路"工程科技人文交流的实践经验。

协助政府开展"一带一路"合作，帮助宣传"一带一路"倡议的价值。在"一带一路"倡议中，有一些领域是政府做不好或不好做的领域，主要是专业性非常强的业务领域,如项目影响评估、路线测量、生态多样性修复、跨国文化交流等,非政府组织在这些方面能够发挥自身的特长,承接很多业务。另一方面,战略实施中的某些环节涉及国际关系敏感问题,政府不宜出面干预或协调这类事务,此时,非政府组织代表政府出面参加谈判协商,以非官方名义发表联合声明的形式达成一致意见,能够解决一些分歧。非政府组织拥有比较发达的会员网络和强大的组织体系,具有较强的社会动员能力。在"一带一路"倡议中,非政府组织结合自身的业务领域和服务宗旨,利用自身的影响力和权威性,对"一带一路"倡议的价值进行宣传推广,提振了社会对这一战略的信心,进而凝聚了更广泛的社会共识。①

协助企业开展项目评估,帮助企业在驻地进行投资活动。非政府组织特别是专业性商会或行业协会,充分利用各自在专业领域的权威性,为"一带一路"倡议具体合作项目开展了前期论证和有效帮助。在项目启动前期,非政府组织接受政府或企业之邀,按照委托方需求,以专业、权威的视角独立或与其他机构合作开展项目可行性论证,从而形成相对客观、公正的结论,以供政府和企业决策参考。项目开始后,一些非政府组织会协助企业或其他主体开展项目效果的沟通和评价。

协助搭建与当地政府、企业和人民的对话交流平台。中国企业在"一带一路"建设中"走出去"的步伐已经加快,这就不可避免地涉及中国在海外的贸易纠纷问题。从国际惯例来看,类似贸易纠纷一般的解决思路是"两条线",即"官对官、民对民"。在这种情况下,为了更好地处理这些问题,非政府组织(比如,行业协会、商会等)的作用就凸显出来,甚至越来越重要。在实践中,非政府组织及时搭建与各方的对话交流平台,已经成为中国企业与当地民众沟通交流的润滑剂,辅助中国企业履行社会责任,并且利用自身的专业优势,在企业的诉讼与谈判中发挥作用,以更好地维护中国企业的权益,充分保障了企业工程项目的顺利开展和实施。②

除了共性实践特征之外,中国对外承包工程商会形成了"承上启下,对接国际,'三服务一建设'的全方位发展模式"的特色参与形式。"承上启下"即对上承接并参与国家部委"走出去"专项课题,向国务院提交改革意见;对下积极推荐优秀企业参与国际项目,广泛开展业务对接。"对接国际"即为企业对

---

① 赵宇新.推动社会组织参与"一带一路"建设[J].社会治理,2017(8):43-51.

② 欧晓理.行业协会在实施"一带一路"战略中的作用[J].中国勘察设计,2016(5):57.

接"一带一路"搭建国际合作平台,商会先后举办了中俄建筑合作论坛、中巴经济走廊投资建设合作论坛等国际化专业论坛。"三服务一建设",即提供培训服务、咨询服务、会展服务,促进信用体系和社会责任建设,提升行业整体形象。

三、工程科技人文交流中的机制问题

从各主体参与"一带一路"工程科技人文交流的现状和问题来看,"散""乱"以及缺乏顶层设计是当前最为关键的共性问题,表现在以下几个方面。

(一) 战略认识

参与"一带一路"建设各方对工程科技人文交流的战略性认识不清晰,导致总体战略方向不明确,战略重点不落实。

(二) 组织保障

组织保障方面,政府各部门条块分割,各自为政。工程科技人文交流涉及工程教育交流、研究合作、科技合作、企业社会服务、工程宣传、标准翻译与推广等诸多领域,而我国在这些方面的政府管理,被分割到多个部门。这样的管理体制造成工程科技人文交流管理的薄弱与缺位,造成工程科技人文交流活动缺乏足够的系统性和战略性。

(三) 项目管理

项目管理方面,在项目设立上战略规划不够,项目间缺少协同,不同组织在同一个国家可能会同时实施多个援助或合作项目,项目重复和援助重复现象较多,项目过程管理和绩效管理成本很高,造成资源浪费。

(四) 平台运行

运作平台方面,目前多以项目驱动,缺少后续的持续保障机制和政策,已有平台和交流活动普遍缺乏可持续性。相比双边和区域交流合作机制,多边机制的运行体系更加紧缺,影响力不足。

(五) 协同机制

不同主体间有效的协同机制不健全,相互信息沟通不畅,未形成有效合力。高校建立的平台越来越多,由于信息不对称,多主体平台间未形成有效互动,搭建平台的作用没有充分发挥,企业还是反映缺乏与高校交流的平台。而且,就高校搭建的平台本身而言,也存在平台合作领域严重重叠的问题。如在农业教育领域中,"'一带一路'南南合作农业教育科技创新联盟"和"丝绸之路农业教育科技创新联盟"都属于农业教育综合合作联盟,其合作领域已经包含动物科学、茶学等农业相关领域,但是仍有高校成立了相关专业联盟。

(六) 国际对接

与相关国际组织合作方面,利用外部资源不够充分。无论是企业、高校还是非政府组织,在参与"一带一路"时,都鲜有利用国际组织,如联合国教科文组织(UNESCO)、亚投行(AIIB)、世界银行(WB)等的资源,开展更有影响和更具国际化的人文交流活动。这是今后需要加强的地方。

第五章 "一带一路"工程科技人才培养及人文交流战略分析

有效推进"一带一路"工程科技人才培养及人文交流,需要加强战略规划研究。本章通过对内部优势劣势和外部机遇挑战的分析,进一步探讨"一带一路"工程科技人才培养及人文交流的战略总体思路、战略目标、战略部署和重点领域。

一、"一带一路"工程科技人才培养面临的问题

1. 企业人才培养"散、缺、难"问题

当前我国企业在国际合作方面,普遍存在"散、缺、难"的问题。

"散"表现在顶层设计不够,教育培训资源分散,企业和大学各自出击,未能形成合力。在培训内容、教学计划、师资力量、资金安排等方面没有统一部署,尚未建立起协同机制。国际合作培训涉及国际学员住宿、医疗、出入境、保险等问题,当前全国还没有形成统一的服务体系。

"缺"表现在企业急需的技能人才和高端人才缺乏,不能快速供给。在"一带一路"建设项目中,通过科技合作,以先进技术替代落后技术,通过先进技术与资本融合,带动工程科技人员的流动,并最终形成技术优势、资本优势以及人才优势,是重要目的所在。这要求快速跟进工程人员的现场操作培训,熟悉施工环境、掌握技术操作流程,解决实际工程技术问题。培训工作缺乏整体规划,技能更新与储备不足,特别是中小企业培养人才能力有限,缺乏资金扶持、政策倾斜、智力帮扶,都是"缺"的表现。

"难"表现在国际化人才培养体系尚未形成,国内学生选择沿线发展中国家留学的动力不足。受政治法律、文化语言、宗教习惯、劳动力市场保护等方面限制,工程人才培养和流动难度大。海外项目人才要求和国内项目要求有很大不同,不同培养对象应有不同的培养模式。学校和企业在高水平国际化人才培养、引进和管理方面经验不足,人才培养模式亟待创新。

2. 企业国际合作项目配套支持问题

企业"走出去"面临激烈的竞争,需要相应的人力、资金、物资以及政策等配套服务。中国企业在"走出去"的过程中,不仅面临来自欧洲、北美、日本等发达国家承包商的竞争,也面临本国企业的竞争。因此,海外市场的竞争越来越激烈。

政府搭建平台,协调机制不够健全。G2G 项目,企业离开政府根本做不了,很难有作为,政府搭台之后,可以考虑到企业的利益,健全"一带一路"部级协调会的机制,切实帮企业解决问题。

需要建立第三方机构。企业走出去的第三方服务不配套,需要投行类的机构提供投资策划、安保服务等。融资方式比较少,企业融资手段比较少,需要比较好的融资平台。

人员选聘难。一些企业拥有人才交换中心,并且和其他单位合作,但是,现在国家还没有相关政策。一些企业高端人才选聘比较难,具有商务谈判经验的人才、法律人才都非常稀缺。从宏观和长远的角度看,"一带一路"急需有效的高端人才培养、使用和储备机制,这需要国家进行通盘思考和顶层设计,以规避未来"一带一路"实施过程中可能遭遇的风险和阻力。

3. 企业国际工程项目合作中遇到的外部风险

制度、法律、文化等方面的差异。企业国际工程项目合作中面临的外部风险很多,大致可归纳为两类,即国别风险和项目风险。国别风险包括东道国的政治、法律、经济、文化、社会和自然风险等;项目风险包括员工安全、资金经管、技术管理、环境保护及业主风险等。[①] 海外项目工程的商业环境和社会关系复杂,存在着诸如安全风险、汇率风险、政府更迭风险和政策风险等。由于

---

① 孙永福等. 中国铁路"走出去"发展战略研究[M].北京:中国铁道出版社,2019.

各国体制不一样,管理方式不一样,项目前期进展艰难,由此造成法律风险非常大。再如,项目管理评估方式以及监管体制和国内完全不一样,当地员工的劳动者权益受到当地法律严格的保护,会遇到工会罢工风险问题。企业还会遇到当地民众因环境困扰而索要赔偿,等等。

中国标准"走出去"困难。中国标准与国际标准没有接轨,在标准制定理念、指标规定方式、标准体系结构等方面存在差异,我国标准尚未取得广泛认可。[①] 标准有三个方面,一是劳动力标准,二是环境标准,三是技术标准。中国的标准无法顺利走出去,成为制约中国企业在海外发展的重要因素。要把中国装备带出去,技术管理规范要先行。最高层次的输出应该是标准的输出,要通过所做的工作与培训,逐渐使对方接受,而不能强迫对方接受。

文化及法律存在差异。据有关部门介绍,由于某些项目对东道国法律不熟悉,投标时按中国国产机械设备和物资报价,实施时该国海关不准入境,只得改在当地采购,造成极大亏损。某些项目对合同条款理解有误,实施时只得按东道国要求增加工程内容、提高标准造成很大损失。[②] 有些项目面临着当地法律有关劳动力保护、促进就业的规定。例如,外派中国员工 1 人,要安排当地人员就业 10 人等。还有薪酬问题,国内和欧美的工资体系非常不同,差距很大。企业走国际化这条路很辛苦,因为企业对当地的用人制度不熟悉,早期开拓成本和用工成本确实很高。"一带一路"沿线国家多,它们有不同的文化、不同的民族、不同的信仰、不同的法律等。要尊重沿线国家,要沟通协商。

4. 企业工程科技人才培养机制问题

工程科技人才结构性问题。目前,人才培养机制欠完善,复合型人才不足,人才不适应国际化的需求。现在派出去的人中缺少兼备外语能力、技术水平、社会民情等综合能力的人才。小语种人才不足、复合型外语人才缺乏,人才地区差异明显。尽管这些年培养了不少复合型人才,总体来讲离实际需求和业务发展还有很大差距,包括急缺具有商务谈判经验的人才、了解国内国外的法律、熟悉集团相关管理规定的人才。"一带一路"建设首先得有专业人才,当前素质结构和年龄结构方面都亟待调整,解决在企业中普遍存在着的专业能力与语言能力不兼备的现象。

---

①② 孙永福等.中国铁路"走出去"发展战略研究[M].北京:中国铁道出版社,2019.

工程人才培养统筹安排问题。目前"一带一路"培训工作分散在不同的单位,包括相关部委的培训中心、高等院校、研究机构和智库等。在培训内容、教学计划、师资力量、资金安排等方面,没有全面、系统的部署,尚未建立培训的协同机制,没有形成合力。国际合作培训涉及学员住宿、医疗、出入境、保险等问题,当前全国还没有形成规范的服务体系。国家需要建立起聘用、考核国际化员工的一系列政策体系。企业在当地聘用员工面临着不同的财会系统、法律系统的要求。特别是老的国有企业在人力资源管理的观念方面和机制方面比较死板,缺乏一定灵活性,难以满足国际化经营对人才培养的需求。

资源投入机制问题。人才培训投入不足。教育培训工作是一项作用持续时间长、易于深入人心的工程,能够用较少的投资获得较大社会收益,留下人力资本财富,增强世界人民对中国道路的了解与认同。当前,"一带一路"建设在教育培训、民心相通方面的各类投入还远远不够。师资力量相对不足,亟须建立高水平、高标准的国际一流师资队伍。"教育走出去"有两种办法,一种是教师走出去,另一种是课程走出去。目前不可能把教师长期派过去,通过远程教育把优质课程发送出去将会变成很好的方式。

人才培养的产学合作问题。人才培养内容有待健全,需要进一步加强知识产权问题的培训。"一带一路"沿线国家随着经济逐渐发展和国际合作的开展,必然涉及知识产权方面的问题,对此要制定相应的政策措施。工程科技人才培养和使用中,需要做好人岗匹配,解决需求与供给之间更好的结合。"一带一路"相关人才培养应该及时根据建设进展和要求变化做出调整,而当前工业企业、教育机构、专业智库、政策制定者和实践工作者在此方面的工作较为滞后。

人才培养模式创新问题。不同的培养对象对应着不同的培养模式。对于外国官员进行培养,可以采取"培养+培训+参观"的模式,因为外国不了解中国,所以国外官员参观考察有其必要性和重要性。企业自身的培养方式、校企合作的培养方式都是重要的问题。人才培养不是单纯的学历教育,目前已有一些好的做法,如联合培养(2+2)在岗人员等。

本地化人才培养问题。"一带一路"建设需要进行多层次、多类型的本地化人才培养,如工程师、技师等。因此,帮助培养本地人才的问题十分重要,"一带一路"涉及的范围很广,但目前重点还是在亚欧大陆一些国家。"一带一路"沿线国家多数都是发展中国家,他们对于人才本地化的要求甚至高于很多发达国家。在这种情况下,工程科技人才走出去必须考虑本地化问题,即如何帮助培养本地人才的问题。同时,要关注"一带一路"项目所在国的劳动用工制度、人才招聘和管理政策。

人才培养质量保证问题。在国际化进程中,企业人才培养经验不足,数量跟不上需求。"一带一路"人才培养方面缺乏经验,包括培训的院校选择、培训的课程设置、培训周期等。现在人才质量保证体系、评价体系不够科学,往往倾向于发表文章,而不是做具体工程。人才培养的评价标准是长远问题,应该有战略考虑。

5. 学历互认、职业资格互认体系问题

需要实现区域内双边、多边学历学位互认,并逐步推动和实现就业市场的从业标准一体化。我国已先后与 26 个"一带一路"国家和地区签订了学历学位互认协议,还有相当一部分"一带一路"国家没有进行学历互认。由于职业标准不通用、职业资格认证体系不健全、劳动力市场保护等原因,工程师流动还面临着体系性障碍。

二、内部优势和劣势、外部机遇和挑战(SWOT)分析

"一带一路"建设背景下,工程科技人才培养的内部优势和劣势,外部机遇和挑战分析,即 SWOT 分析,简要列举如下。

优势(S):中国改革开放四十年积累了丰富的工程科技发展经验;工程教育体系完备,开展国际合作潜力巨大;工科在校生规模超过 1000 万人,人力资源储备丰富。目前,我国与 47 个国家或地区签署学历学位互认协议,包括 26 个沿线国家。

劣势(W):工程教育的国际化程度普遍较低;工程教育认证的覆盖面不足;工科教师缺乏工程实践背景;海外人才培训制度不完善;欠缺产学研协同联动育人的长效机制。

机会(O):工程科技各领域的国际合作交流日益频繁;工科学生流动国际化趋势明显,高校积极性高涨。2017 年,我国出国留学人数突破 60 万人,其中赴"一带一路"沿线国家留学 6 万余人。来华留学人数接近 49 万人,沿线国家来华达 30 万人。援外培训力度不断加大,举办各类培训班 5000 多期,累计为受援国培养各类人才近 40 万名。

挑战(T):沿线国家经济承载力有限;中国标准与国际标准对接存在困难,精通标准转换的高级人才缺乏;部分工程科技领域与发达国家直接竞争缺少优势;等等。

基于对上述优势、劣势、机遇和挑战的分析,我们需要构造工程科技人才培养的 SWOT 矩阵,并制定相应的行动计划及对策(见图 15)。

内部能力 外部因素	优势 (strengths)	劣势 (weaknesses)
	1. 时局稳定、政策开放、经济发展 2. 工程实践,工程教育大国 3. 工程教育培训体系日益完善 4. 工程科技学生基数庞大	1. 工程教育认证体系不完善 2. 海外人才培训制度不完善 3. 工程教育国际化程度相对较低 4. 校、企、科研单位欠缺联动机制
机会 (opportunities) 1. 国际间各领域合作交流频繁 2. 工程科技学生流动国际化趋势明显 3. 沿线国家工程建设需求量大且迫切 4. 沿线国家务实合作,成效明显	SO 1. 制定利好政策,积极推进沿线国家各领域合作 2. 继续完善工程教育培训体系建设,推动学科建设 3. 加强工程教育力度,推动工科学生国际交流 4. 推进沿线国家设施联通,主动承接工程建设任务	WO 1. 推动工程教育认证体系研究,促进工程人才国际流动 2. 建立海外专业人力资源管理制度,完善人才培养机制 3. 引导院校国际化发展,注重培养复合型高级人才 4. 政府牵头引导海内外校、企、科研单位多方合作,创造多方共赢模式
挑战 (threats) 1. 与发达国家竞争缺乏优势 2. 技术标准国际对接存在困难 3. 沿线国家经济承载力有限 4. 法律、宗教等人文交流受限	ST 1. 承接非洲国家工程建设,助力其产业升级改造 2. 帮助沿线国家经济发展,缩短与发达国家差距 3. 加强国际间人文交流,协助国企海外落地生根 4. 提高中国技术标准,对接国际技术标准	WT 1. 与发达国家对接,推进中国工程教育认证体系研究 2. 引入国际工程教育理念,学习先进工程教育方法 3. 以国家为主体,搭建国际交流合作平台 4. 推动沿线国家人文交流,推动舆论正面导向

图 15 "一带一路"工程科技人才培养的 SWOT 分析

资料来源:国际工程教育中心课题组整理

中国需要积极利用好相关政策,推进"一带一路"沿线国家"五通"目标的实现,聚点成线,从线到面,逐步形成区域大合作格局。同时,也需要以国家为主体打造国际工程合作交流平台,推动工程教育认证体系建设,企、校、研结合,完善工程教育培训体系,加强国际间交流合作,推动工程人才国际化培养和流动,加强国际人文交流,助力企业快速发展。

对中小企业的工程科技人才培养中国政府应给以资金扶持、政策倾斜、智力帮扶。同时发挥行业学会、校企联盟等力量,支持"走出去"的技术人员技能更新和综合素质提升。

当然，培训也会产生一定的负担，技术人员在职肩负着工作任务，时间有限，因此，对培训时间与员工精力有要求，要保证培训效果，否则就是浪费人力和物力、财力。对于培养的人才和引进人才要能够真正地发挥他们的作用，真正解决工程项目建设难题。人工智能、大数据等已经逐渐应用到各个领域，这些对技术人员提升技术提出新要求。

三、战略规划指导思想与总体思路

"一带一路"人才培养和人文交流战略规划的指导思想是：以高质量工程科技人才培养支撑高质量发展，以深层次工程科技人文交流促进民心相通。政产研学协同推进，国内外并行发展；构建国际化人才培养保障体系，满足"一带一路"建设多层次、多类型人才需求，提升我国工程科技人才全球胜任力，支持沿线国家工程科技能力建设。

规划的总体思路是：一个理念，两个重点，三个模式，四个体系。坚持共商共建共享推动高质量发展的基本理念；围绕提升国际工程科技人才培养能力和工程科技人文交流水平两个重点；借助依托项目、合作共建、平台引领三种主要支撑模式；促进国际工程科技人才培养体系、资源支撑体系、学历互认体系和工程师流动体系建设。

规划的依据为：标准支撑方面，工程教育互认和工程师资格互认以实质等效标准为基础，推动加入工程师流动协议的进程，共商共建包容性国际标准；科技沟通方面，持续的、深层次的、高水平的对话有助于深化人文交流，扩大共识，以利于创新共商共建机制，落实平台直接影响政策；人才培养方面，根据百万人口研发人员规模数据分析，中低收入与高收入国家科技人力资源禀赋差距日益扩大，促进中国与沿线国家双向留学、中外合作办学，联合培养工程人才，有利于促进中国和沿线国家工程能力建设；战略咨询方面，尊重沿线国家法律制度、商务标准和运行规则，探讨沿线各国人文特点，做到有备而行。风险小的地区加快进程，风险大的地区延缓，甚至暂缓。

四、战略目标分解

近期目标：以服务当前需求为重点，以重大工程建设项目为载体，"走出去"与"请进来"相结合，着力加强国际合作与产学合作，基本满足"一带一路"

建设重点领域派出和当地人才数量和质量的需求。

远期目标：以支撑能力建设为重点，以人才培养体系建设为牵引，全面提升工程科技领域人才培养能力与人文交流水平，以工程科技人才有效支撑"一带一路"建设走深走实，行稳致远。

五、战略总体部署

（一）强基示范期（2020—2025 年）

急用先行。引导和鼓励院校企业合作，改善优质工程教育资源的投入结构，吸引社会力量参与，对接当地需求，重点培养急需的工程技术型、工程管理型、商务法律型和公共关系型人才。

示范引领。依托"一带一路"沿线国家在建在营工程项目、中外合作办学机构、联合培养项目等，合作建设若干所海外交通学院、丝路学院、北斗学院等示范性人才培养机构，承载人才培养和人文交流功能，探索行之有效且可借鉴、可复制的新体系、新模式和新机制，总结推广试点经验。

（二）全面跨越期（2026—2035 年）

健全体系。政产学协同，着力构建与"一带一路"建设相适应的国际人才培养体系、资源支撑体系、学历互认体系和工程师流动体系。

全面赋能。总体提升我国输出型人才的全球胜任力。支持"一带一路"国家工程能力建设，培养一大批知华、友华、助华的沿线国家工程科技人才，建立全方位、多层次的工程科技人文交流渠道，促进民心相通。

六、重点任务内容

人才培养与人文交流领域重点任务为全面提高两个能力。

第一，全面提升国际工程人才培养能力。

以提高工程人才胜任力与适应力为核心，重点解决人才培养结构、效益、规模与质量问题。国家政策、市场资源、社会力量协同，全面提高院校、企业的人才培养能力。加快国际化人才培养步伐，将中国工程教育大国的资源优势转化为"一带一路"工程科技人才支撑的优势。

围绕六个重点，构建国际化人才培养质量保障体系。培养标准：充分考虑和兼顾沿线各国实际，共商共建包容性的各专业领域人才培养通用标准。结合专业范围和特点，细化培养规格培养程序。师资队伍：走出去与请进来相结合，依托重大工程建设项目、专项基金项目等，开展沿线国家高校师资培训，提升教师教学能力。课程体系：结合各专业国际化人才培养的特点，构建特色国际化课程群，特别是英文国家精品课程和MOOCs课程，鼓励线上线下混合学习。精品教材：采用引进、自编、外译等方式，加快国际化精品教材建设。实践基地：鼓励大学和企业联合建设海外工程实践基地，因地制宜、因企制宜，校内与校外相结合，理论与实务相结合，虚拟与现实相结合，实践与创新相结合，开展实践实习。质量评价：坚持质量第一，加强质量跟踪，持续改进人才培养质量；推动工程教育专业和工程师资格国际互认。

第二，全面提高工程科技人文交流能力。

以提升丝路精神凝聚力和认同感为核心，重点解决人文交流"少、短、浅"的问题。关注广度与深度，深度优先。政府支持，民间推动，院校和企业紧密合作，促进工程科技人文交流与人才培养融合发展。

围绕四个重点，全面提升工程科技人文交流水平。理念引领：以工程科技促进人类命运共同体建设，传播工程科技思想，弘扬工程科技精神，普及科学技术知识，讲好中国工程故事。力求工程项目建设到哪里，工程教育就延伸到哪里，工程文化就传播到哪里。多方协同：除加强政府间对话，还应充分发挥企业、专业机构、当地华侨商会、海外校友会、来华留学生群体的作用，传播中国国家形象，共享中国发展经验。机制创新：创新工程科技高端智库对话机制、工程专业组织学术沟通机制、工业企业常态交流合作机制和高校师生互访机制。平台建设：借助国际智库联盟、各领域工程教育联盟、国际工程专业组织、国际工程科技论坛、国际工程教育论坛等平台，促进"一带一路"工程科技领域深层次人文交流，推介中国在国外成功建设的工程项目，先进技术和管理方法。

第三，完善三种支撑模式。

依托项目支撑模式。以"一带一路"重大工程建设项目、工业产业园建设项目等为依托，针对当地人才，采用中方专家传帮带、技术技能培训、短期来华交流考察、短期研修班等方式，开展属地化人才培养；针对派出人才，采用选派学生跟随企业到海外工程项目服务式学习、项目实地考察、当地学校短期交流、回国技能更新、国内研读学位、企业内部培训等方式，提升派出人才全球胜任力。

合作共建支撑模式。加快工程教育国际合作进程,解决中外合作办学的机制障碍,点、线、面结合,试点先行,互学互鉴,稳步推进。采取强强联合、"多对一"共建等多种模式,新建与改造相结合,中外合作,建设若干示范性海外工程教育机构。先期依托重大工程建设项目,选择合作基础好的中外院校和企业,建设若干所示范性学院,提升当地院校工程教育能力。逐步探索工程教育国际合作的新模式,总结经验向其他领域推广。

平台引领支撑模式。政府支持,产学协同,民间推进,建设多领域、多层次、全方位的人才培养与人文交流平台。以共建共商共享为原则,以国际智库联盟、产学研联盟为引领,推动中外校校、校企深度合作,加快工程教育领域双边、多边国际合作,开展"一带一路"工程教育学历互认和工程师资格互认的协商谈判,促进有序的人才流动和深度的人文交流。

第六章 "一带一路"工程
科技人才培养及人文交流的政策建议

"一带一路"建设,智力要先行。工程科技支撑"一带一路"建设,工程技术、人才培养、人文交流要形成"三位一体"、良性互动,推动"一带一路"建设的高质量、可持续发展。

一、构建"一带一路"国际工程人才培养体系

总体谋划,建立机制,落实保障。建立"政产学研"四方协同机制,充分发挥战略联盟作用,创新人才培养模式,建设人才培养基地,强化人才培养过程监管,实施人才培养认证,构建人才培养信息平台。以提高工程人才胜任力与适应力为核心,重点解决人才培养"散、缺、难"的问题。从长远看,规模与质量兼顾,坚持质量第一。国家政策、市场资源、社会力量协同,全面提高院校、企业的人才培养能力。加快国际化人才培养步伐,将中国工程教育大国的资源优势转化为"一带一路"工程科技人才支撑的优势。围绕六个重点,构建国际化人才培养质量保障体系。**培养标准**:充分考虑和兼顾沿线各国实际,共商共建包容性的各专业领域人才培养通用标准。结合专业范围和特点,细化培养规格培养程序。**师资队伍**:"走出去"与"请进来"相结合,依托重大工程建设项目、专项基金项目等,开展沿线国家高校师资培训,提升教师教学能力。**课程体系**:结合各专业国际化人才培养的特点,构建有特色的国际化课程群,特别是英文国家精品课程和 MOOCs 课程,鼓励线上线下混合学习。**精品教材**:采用引进、自编、外译等方式,加快国际化精品教材建设。**实践基地**:鼓励大学和企业联合建设海外工程实践基地,因地制宜、因企制宜,校内与校外相

结合,理论与实务相结合,虚拟与现实相结合,实践与创新相结合,开展实践实习。**质量评价**:坚持质量第一,加强质量跟踪,持续改进人才培养质量。推动工程教育专业和工程师资格国际互认。

二、建立高层联合统筹机制推进工程科技人才培养

为统筹职业教育、继续教育、留学生教育资源,建立完备的资源支撑体系,促进"一带一路"教育行动,相关部委和机构应成立国家层面的协调机制,以便对非学位教育培训进行顶层设计,整合分散资源,制定配套政策;扩大沿线国家来华学习工程技术的留学生规模,利用若干年时间,将中国建设成"一带一路"沿线国家最重要的工程教育留学目的国之一;采用长期学习和短期交换多种方式,国家留学基金设立赴沿线发展中国家留学的特殊支持政策,引导国内学生到沿线国家学习。

三、成立工程科技智库联盟促进人才培养与人文交流

成立工程科技国际智库联盟,逐步扩大合作共同体。发挥工程科技战略思想库作用,共商工程科技发展重大议题,为"一带一路"沿线国家工程科技、工程教育政策制定提供智力支持;发挥高端学术引领作用,合作举办"一带一路"国际工程科技高端论坛;针对"一带一路"建设中的重大战略问题开展咨询;针对重点区域、关键行业与产业发展中的重大工程科技问题开展咨询;开展工程科技领域人文风险评估,制定、修订沿线各国人文文化地图,为政府、企业和个人提供明确指引。对所在国法律制度,商务标准和规则进行前期调研,做到有备而行,风险小的地区加快进程,风险大的地区延缓,甚至暂缓。发挥国际合作桥梁纽带作用,与联合国教科文组织国际工程教育中心、国际工程科技知识中心以及各类国际工程教育产学联盟合作,推动持续性的工程科技和教育领域国际学术交流。

四、提升"一带一路"工程科技人文交流能力

提升"一带一路"工程科技人文交流能力,以提升丝路精神凝聚力和认同感为核心,重点解决人文交流"少、短、浅"的问题。应该广度与深度兼顾,深度优先。政府支持,民间推动,院校和企业紧密合作,促进工程科技人文交流与

人才培养融合发展。从四个重点入手,全面提升工程科技人文交流水平。**理念引领**:以工程科技促进人类命运共同体建设,传播工程科技思想,弘扬工程科技精神,普及科学技术知识,讲好中国工程故事。**多方协同**:除加强政府间对话外,充分发挥企业、工程专业机构、非政府组织、当地华侨商会、海外校友会、来华留学生群体的作用,共享中国发展经验,传播中国国家形象。**机制创新**:创新工程科技高端智库对话机制、工程专业组织学术沟通机制、工业企业常态交流合作机制和高校师生互访机制。**平台建设**:借助国际智库联盟、各领域工程教育联盟、国际工程专业组织、国际工程科技论坛、国际工程教育论坛等平台,促进"一带一路"工程科技领域深层次人文交流。推介中国在国外成功建设的工程项目及其先进技术和管理方法。

五、促进"一带一路"工程教育认证和工程师流动

一目标:促进"一带一路"工程教育学历互认与工程师流动。

两条腿:一是加快推进加入现有国际协议;二是努力创建由中国主导的新协议。

三步走:①召开峰会。召开"一带一路"工程教育峰会,由相关机构发布促进"一带一路"工程教育互认与工程师流动的倡议。②制定标准。由中国科协联合国际工程联盟(IEA)、世界工程组织联合会(WFEO)、亚太工程机构联合会(FEIAP)、国际工程教育中心(ICEE)等机构共商共建,推动国际互认标准研究。③创建协议。适时建立研究生工程教育认证"北京协议"筹委会,重点放在工程硕士层次。加大工程科技人才"走出去"步伐,根据"一带一路"工程科技合作重点,深入了解沿线各国人才现状与未来需求,加强基础设施、能源资源、信息通信、交通运输、医药卫生、金融等领域的派出人才培养、培训,因地制宜、因企制宜,分区域、有重点地逐步推进工程教育认证,促进工程师跨国流动。

六、建设"一带一路"工程科技支撑服务云平台

充分利用现代科学技术,构建工程科技支持服务云平台。推动技术人员为海内外的工程项目提供技术支持,发挥国内高端技术人才的优势,实现"远水解近渴";通过工程技术标准知识服务,使海外技术人员能方便地查询相关

法律法规、工艺标准、规章制度、规范标准、示范工程、音像资料、工程视频等；提供工程教育资源信息服务，包括院校信息库、教材库、课程库（特别是在线教育课程）等，为人才培养培训和扩大人文交流提供丰富教育资源支持。

党的十九大报告提出了新时代坚持和发展中国特色社会主义的基本方略，这是我国政府在新时代的背景下做出的目标任务与战略部署。新时代"创新、协调、绿色、开放、共享"发展新理念，贯穿在中国特色社会主义建设各项发展战略之中。

在"一带一路"建设中，中国应本着开放和共享理念，为构建人类命运共同体发展方略，抓住历史机遇，推动经济全球化进程和创新全球治理。实现这一目标，有必要进一步加强"一带一路"工程科技人才培养和人文交流，通过人才培养，促进科技、产业以及沿线国家的合作，通过人文交流，引领"一带一路"经济命运共同体的健康发展。

附 录 案 例[①]

案例一　中国空间技术研究院

一、基本情况

中国空间技术研究院(以下简称"研究院")隶属于中国航天科技集团有限公司,成立于1968年2月20日,首任院长是著名科学家钱学森。经过50余年的发展,研究院已经成为中国主要的空间技术及其产品研制基地,是中国空间事业最具实力的骨干力量,为国民经济建设、国防现代化和人民生活水平的提高做出了重要贡献。

研究院主要从事空间技术开发、航天器研制、空间领域对外技术交流与合作、航天技术应用等业务。自1970年4月24日成功发射我国第一颗人造地球卫星以来,研究院研制和发射了200余颗航天器,目前有百余颗航天器在轨运行,建造了载人航天、月球与深空探测、北斗卫星导航系统、对地观测、通信广播、空间科学与技术试验六大系列航天器,实现了大、中、小、微型航天器的系列化、平台化发展。研究院建造的东方红一号卫星、神舟五号载人飞船、嫦娥一号卫星已经成为中国航天发展的三大里程碑。

研究院坚持"军民融合"发展,充分发挥航天技术的优势和辐射带动作用,不断将航天新技术成果推广到国民经济的多个领域。研究院现有两家上市公司,已经形成了以卫星应用、智能装备、节能环保、空间生物为核心的航天技术应用产业。

---

① 本附录案例收集时间均为2017年底,个别案例数据至2018年底。

研究院打造了北京、天津、河北、西安、兰州、烟台、深圳、内蒙古等产业基地,拥有空间飞行器总体设计、分系统研制生产、系统集成、总装测试、环境试验、地面设备制造及卫星应用、服务保障等配套完整的研制生产体系。

截至 2017 年年末,研究院共有从业人员 26 000 余人,在岗职工 24 000 余人,在岗职工中从事宇航武器系统研制及管理相关工作的职工 14 000 余人,其中管理人员 2000 余人,科技人才 10 000 余人,技能人员 2000 余人;在岗职工中从事航天技术应用及服务业相关工作的职工 10 000 余人,其中管理人员 2000 余人,科技人才 5000 余人,技能人员 3000 余人。

研究院现有中国科学院和中国工程院院士 8 人、国际宇航科学院院士 13 人、俄罗斯宇航科学院院士 9 人,国家级突出贡献专家 13 人,国务院政府特殊津贴获得者 99 人以及高级专业技术人才约 5000 人。研究院在岗职工中,博士占 7.8%,硕士占 36.0%,本科占 30.3%,其他学历占 25.9%。研究院在岗职工中,35 岁及以下占 55.7%,36~45 岁占 28.3%,46~55 岁占 13.2%,56 岁及以上占 2.8%。

为更有效地开展专业技术人员的培训培养工作,拓宽人才国际化交流的层次和水平,研究院积极探索人才培训培养模式的新途径、新思路和新机制,有效整合教育资源,于 2005 年 12 月组建了神舟学院。学院瞄准建设国际一流企业大学的目标,借势"神舟"品牌,以"弘扬神舟文化,培育航天英才"为办学宗旨,以"博学笃志,建功航天"为校训,以科学发展观统领学院的发展与建设,坚持以人为本,推行专业化、国际化的发展道路,依托航天雄厚的科技实力以及高层次创新型人才密集的优势,以拓展和提高创新能力、研发能力和专业技术水平为核心目标,对专业技术人员开展了多层次、多形式和全方位的教育培训,培养和造就了一批引领空间技术发展的高素质航天技术英才。

面向未来,研究院将全面贯彻落实习近平新时代中国特色社会主义思想和党的十九大精神,坚持"四个全面"战略布局,坚决贯彻落实"创新、协调、绿色、开放、共享"的发展理念,以"发展航天事业,建设航天强国"为己任,大力弘扬航天三大精神,发扬严慎细实的工作作风,不断开拓中国空间事业新局面。

二、海外工程人才培养经验及模式

从产业链的位置分析,卫星产业居于宇航产业链上游,牵动着广大中下游应用行业的发展并且向下呈放大效应,被公认为战略领域,受到各国政府的关注。根据美国航天基金会 2016 年发布的《全球航天报告》,2015 年全球商业航天活动的总收入约为 2464.1 亿美元,其中商业卫星制造和商业卫星发射合计收入为 86.6 亿美元,仅占 3.5% ;而受其拉动,下游各行业的收入规模共计 2377.5 亿美元,占 96.5% 。因此,在上游卫星制造领域引领新兴国家发展本国航天产业,有助于从技术标准、管理体制和理念规划等顶层层面牵引其广大中下游产业链的发展方向,实现以小投入拉动大市场的目标。

在构建"人类命运共同体"和"一带一路"倡议的历史背景下,新时代的中国外交愈加重视对于高新技术产品的支持与投入,以开展国际航天合作的推动作用增进与沿线国家的共识,有助于实现互利共赢、共同发展,推动更大范围、更高水平、更深层次的大开放、大交流、大融合,与沿线各国人民共享"一带一路"伟大成果。

(一) 人才培养特色

1. 航天工程科技国际化人才培养体系

航天工程科技国际化人才培养内涵,是以服务航天国际化为目标,培养造就能够满足航天事业跨越式发展、具有较大影响力的航天英才,以共同探索和利用外层空间为目的,开展全球更广阔的航天工程科技人才合作与人才培养,促进航天研制和创新成果实现国际互补、兼容、共享,形成了完整的航天工程科技国际化人才培养体系(见图 16)。

瞄准两类人才——"专业人才国际化、国际人才专业化";

构建三位一体——"学历教育、在职培训、岗位实践";

打造一个平台——"神舟学院"。

2. 以人才培养实现产业能力输出

配合国家政治、外交大局,研究院构建了多层次、多元化的国际业务格局。自 2003 年以来,研究院以亚、非、拉美发展中国家为重点,深入系统地开展了国际市场开发与国际合作工作,不断加大对发展中国家航天市场的开发与合作力度,为国际用户提供天基卫星系统、地基卫星应用系统、卫星配套专业分系统及部组件产品等一系列产品,为国际用户开展航天工程科技人才培养,实现以国际化航天人才培养,实现航天产业能力输出(见图 17)。

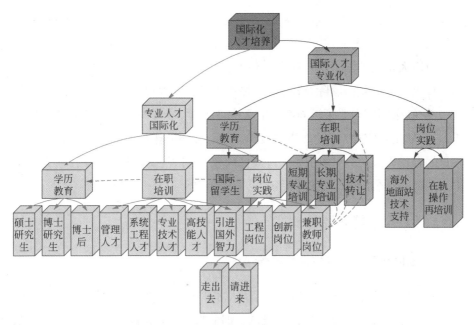

图 16　航天工程科技国际化人才培养体系

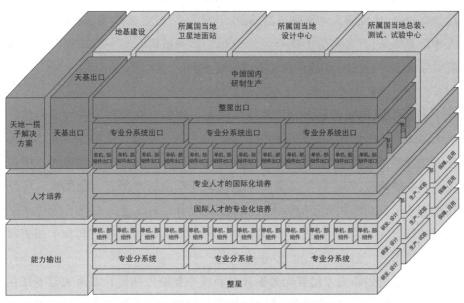

图 17　研究院以人才培养实现产业能力输出

从 2003 年参与澳大利亚 OPTUS 国际项目投标开始,研究院已与尼日利亚、巴基斯坦、玻利维亚、阿尔及利亚等 26 个国家及地区签署了 80 余个宇航系统出口合同,整星出口数量达 23 颗,包括 13 颗通信卫星、10 颗遥感卫星,整星签约额 26.6 亿美元,其中 12 个出口合同已经完成了卫星系统交付。

应广大发展中国家用户的强烈要求,为实现"授人以渔"的效果,研究院依托整星出口等形式的国际合作项目,对外开展了较大规模的航天人才培养,先后为约 30 个国家培养了近 600 名航天专业人才,培训内容包括航天系统技术培训、宇航工程实操培训和短期专题培训等。此外,作为研究院相关整星出口项目的合作内容之一,国内高校为来自阿尔及利亚、委内瑞拉、玻利维亚 3 个国家的近 200 名国际学员提供宇航相关专业硕士和博士学位教育。

(二) 人才培养经验

1. 国内航天工程科技人才培养

研究院紧密结合发展实际,将创新人才培养工作贯穿其创新发展全过程,建立健全创新人才培养工作体制机制,加强创新人才培养体系整体设计,不断完善创新人才培养平台,不断丰富创新人才培养方式,优化创新人才成长环境,构建多元化创新人才激励机制,逐步形成了多层次、多专业、全覆盖的创新人才培养体系,有效带动了核心竞争力和创新突破潜在竞争力的提升。研究院对航天工程科技人才培养的主要做法如下。

(1) 将创新人才培养与企业战略目标融合

明确目标,制定创新人才培养战略规划。党的十九大报告明确提出建设航天强国的战略目标。研究院将创新驱动战略和人才强企战略作为支撑航天强国建设的重要战略,提出"尚贤崇德、人才为先"的发展理念,明确人才引领发展的战略地位,实施打造高素质专业化人才队伍战略部署。全面推进科技领军人才造就工程和青年拔尖人才支持工程,有针对性地培养具有国际水平的科技领军人才、青年科技人才和高水平创新团队,培育掌握空间技术相关领域核心技术的"领域泰斗"和"专业权威"。

研究院将创新人才培养作为提升发展核心竞争力和提升创新突破潜在竞争力的具体措施,编制并发布《人才队伍发展规划》,明确创新人才培养的具体措施。同时,要求所属各部门、各单位依据规划,结合本单位人才工作实际,详细制定本单位创新人才培养具体计划并积极推进,从而有效保证研究院规划目标的落地和全面实现。

　　调整机构，实施创新人才培养专项管理。研究院坚持党管人才的原则，将创新人才培养相关工作纳入院党委重大管理事项，成立创新人才培养工作领导小组，院长为组长，党委书记、主管创新工作的副院长为副组长，院士专家为顾问团队，人力资源部为第一责任部门，相关业务部门、下属各部门、各单位各司其职、协同配合，统筹关键资源以满足院战略转型和创新发展对核心人才的需求。

　　研究院每年召开"科技领军人才培养专题工作会"，明确年度创新人才培养工作的总体思路和具体目标，要求下属各单位、各部门及各级领导干部都要高度重视人才培养工作，制订切实可行的人才培养计划，找准人才培养突破口，采取行之有效的培养措施，在人力、物力、财力、政策等多方面给予全面支持，为创新人才培养工作提供有力的组织保障。研究院成立专家工作处，具体负责创新人才培养的相关业务。

　　（2）设计实施创新人才培养体系总体架构

　　研究院以航天系统工程理论体系为指导，结合 50 年航天科技创新人才管理经验，提出并构建具有"时空二维"特性的创新人才培养总体架构（"时间特性"表现为航天科技创新人才的成熟度结构；"空间特性"表现为航天科技创新人才的专业领域分布结构），设计出一套多层次、多专业、全覆盖的人才培养体系。"多层次"是指在"时间特性"上的多层次，具体分为"尖、高、中、青"四个层次。"尖"是指通过培养能够成为牵引国家航天科技领域发展方向的最高层次科技创新领军人才；"高"是指在高层次创新岗位上履职尽责，为提升国家航天科技领域自主创新能力发挥重要作用的高端科技创新领军人才；"中"是指具有突出学术造诣和技术水平有能力引领本专业发展的中坚骨干学术技术带头人；"青"是指具有较大发展潜力的优秀青年人才。"多专业"是指在"空间特性"上的多专业，包括系统创新、专业研究、产品开发等多个专业领域分布。"全覆盖"是指该培养体系覆盖全院创新人才。

　　牢固树立"以人为本"的内动力挖掘理念，坚持事业发展与人才成长协调同步，将不同层次、不同专业创新人才的培养活动与航天科技创新的实践活动有机结合，形成动态差异化人才培养策略。面向尖端人才，将人才培养与事业发展紧密结合，聚焦事业发展方向和人才成长目标，坚持分类指导、制定"一人一策"实施差异化培养策略；面向高端人才，将人才培养与岗位要求紧密结合，实施人岗双提升策略；面向中坚骨干人才，将人才培养与牵引技术方向发展挂钩；面向青年人才，以营造创新环境为重点，鼓励其在创新探索活动中成长。

(3) 建设创新人才培养平台

提供事业平台，使人才把自己的梦融入航天梦。研究院总结历史，不断培育和践行社会主义核心价值观，凝练出中国空间事业发展的"四个自信"，具体内容如下：第一，进一步坚定道路自信，全面总结空间事业发展取得的辉煌成就和丰富经验成果，引导广大党员保持干事创业的耐心和韧劲。第二，进一步坚定理论自信，坚持解放思想、实事求是、与时俱进、求真务实的思想路线，结合研究院实际，持续强化实践积累，不断创新发展指导工程实践的理论体系，增强理论自觉和理论自信。第三，进一步坚定制度自信，深刻认识制度体系形成的背景、依据及其指导保障作用，准确理解体系中各项制度、流程的内容和具体要求，善于总结规律，坚持问题导向，不断完善制度体系。第四，进一步坚定文化自信，深刻认识航天精神的核心内涵，理解航天文化的本质要义，培育共同的价值观，培养高度文化自信的深厚底气，深刻认识航天文化的重要作用，主动践行三大精神，建立和完善研究院特色文化。

研究院大力弘扬航天精神、"两弹一星"精神、载人航天精神，不断挖掘精神内涵，组织专题系列讲座，邀请参与"东方红一号"研制工作的老一辈航天科技工作者讲述创业历史传承航天精神，鼓励创新人才将个人成长与国家航天事业发展融为一体，激发创新人才崇尚科学、积极探索、勇攀高峰的创新热情。

研究院发挥航天事业的凝聚力和向心力，以载人航天、深空探测、北斗导航等国家重大工程建设为契机，不断激励创新人才成长，鼓励创新人才以"探索浩瀚宇宙，发展航天事业，建设航天强国"为梦想，不断适应航天事业发展的要求，不断开拓创新思维，不断提升创新能力，更好地开展创新实践活动。

提供岗位平台，使人才立足岗位发挥聪明才智。研究院结合创新人才成长需求，构建了多层次、全覆盖的专业化岗位体系，完善了人才成长通道。建立了助理级、主管级、副主任级、主任级专业岗位为代表的基础层专业岗位体系和以"主任研究员""首席研究员""资深首席研究员""终身研究员"等为代表的高层次创新岗位体系。其中，高层次创新岗位体系主要用于培养科技创新领军人才，根据创新人才的创新能力，将其所从事创新活动的特点和预期达到的创新成果具象化为岗位定位和岗位职责。创新人才依托高层次创新岗位开展创新活动，研究院依托高层次岗位凝聚创新要素。以岗位发展通道为媒介，研究院构建了人才能力提升与创新项目深化发展的双提升岗位通道。

研究院构建面向学术技术带头人等中层骨干力量创新人才的定制化培养协议机制,创造性地提出通过签署《三方协议》的方式,赋予中层骨干创新人才培养成长权责,促进其参与重大科研项目的决策和技术方向把关、深度参与技术发展规划制定等工作,切实保证其牵引相关领域发展的作用。同时,针对人才队伍高学历、年轻化的特点,研究院设立专项基金用于支持青年创新人才成长,基金面向 35 岁以下、35~40 岁、40~45 岁三个年龄层次的青年创新人才,主要基金用于青年人才开展早期创新研究活动,实现青年创新人才创新思想的孵化和创新精神的固化。基金遴选重在发现人才,创新探索活动的不确定性。

提供团队平台,带动人才队伍整体提升实力。为加快优秀创新人才的成长步伐,研究院依托航天工程创新实践活动,组建一批高水平的创新团队,形成了长期稳定的跨部门、跨单位、跨专业合作研究平台。团队研究方向既包括载人航天、深空探测、北斗导航、通信卫星等以国家航天重大工程和重要型号研制为背景的系统创新方向,还包括空间智能控制技术、航天器真空计量技术等面向前沿基础研究工作的专业创新方向。团队以科技创新领军人才为核心,在开展创新实践活动过程中,不同专业人才的创新思想交叉融合、创新力量有机整合,团队成员的个人能力和创新团队的整体实力得到显著提升。创新团队形成一种技术创新、人才培养、集智攻关多位一体的局部人才培养体系。

研究院根据事业发展的需要,有计划地围绕院士专家组建创新团队,发挥院士专家的领域牵引作用,时刻为团队发展指引方向,安排一批理论基础扎实、工程经验丰富的中青年创新骨干人才进入团队,快速提升自身学术造诣和实践能力。例如,组建月球与深空探测系统创新团队,全面开展探月工程及相关后续任务的研制和论证工作,团队带头人为中国科学院院士,团队核心成员包括从事月球与深空探测系统总体、制导控制、有效载荷、专业产品等相关领域研究工作的"尖、高、中、青"创新人才。随着我国探月工程嫦娥一号、嫦娥二号、嫦娥三号、嫦娥五号返回飞行器任务的成功,该团队 1 名核心人才成长为中国科学院院士、1 名核心人才入选国家高层次特殊人才支持计划科技创新领军人才、1 名青年核心人才荣获中国青年科技奖,团队也荣获国家科技进步创新团队奖。研究院根据事业发展的需要,有计划地安排创新领军人才培养重点人选担任创新团队带头人,促进其学术造诣水平、技术创新能力、协同攻关能力不断提升。例如,研究院为了破解我国静止轨道通信卫星容量不足,难以满足国家安全需求和百姓生活需求的局面,组建大容量静止轨道通信卫星平台技术系统创新团队。经过十余年努力,该团队成功突破和掌握了多项关键技术,使我国静止轨道通信卫星平台技术水平达到国际先进水平。

（4）丰富创新人才培养方式

发挥企业大学在人才培养方面的资源优势。研究院以神舟学院为依托,发挥企业大学创新人才培养的资源优势,着力构建"学习+实践"一体化培训平台,筑牢创新人才培养的前沿阵地,实现创新人才培训与科技创新实践活动和工程项目研制活动无缝对接,促进优秀人才早日脱颖而出。面向工程经验尚浅的青年创新人才群体,自主开发了"虚拟卫星集同设计软件平台""卫星在轨操作虚拟平台""卫星 AIT 操作实践平台"用以模拟卫星从方案设计、系统研制、总装测试到在轨管理的全过程,通过三个平台辅助青年创新人才快速实现理论知识向科研实践的转化和综合创新能力的提升。面向经验相对丰富的骨干创新人才群体,构建了以"型号两总上讲台""学术技术带头人上讲台"等为代表的一系列"专家上讲台活动",鼓励骨干创新人才走上讲台,传授知识、分享经验,发挥其促进后备人才队伍持续发展的作用。

经过多年的积累,神舟学院已经形成了较为齐备的知识库,包括多套教学案例、相应的多学科模型库、国际标准体系库等。这些案例和模型库为创新人才培训系统起到了基础支撑作用。为了化解工、学矛盾,鼓励创新人才利用碎片时间自学相关知识,神舟学院开发了具有学习管理、教学管理、资源管理、岗能管理等功能的在线学习系统。神舟学院结合教育培训的实际需要,在多方调研、积极探索的基础上,与时俱进、推陈出新,形成了一套"互联网+培训"的新型教学方法。例如,用微信群促进培训班学员的课堂讨论和信息交流,用"问卷星"快速收集和分析培训反馈,用"易企秀"及时发布培训最新动态等。

编制适应不同层级创新人才学习需求的专题丛书。为了助力人才成长,研究院总结 50 年来取得的重大成就,系统梳理凝练了空间技术主要领域、专业理论和实践成果,形成了由 23 个分册构成的《空间技术与科学研究丛书》。该丛书围绕中国空间事业的科学技术、工业基础和工程实践三条主线,贯穿空间科学、空间技术和空间应用的所有方面,阐述基本的科学技术概念,涵盖当前工程中的实际应用,兼顾今后的技术发展。丛书坚持理论与实践相结合,从航天工程实践中总结出来,经过升华和精练,具有较高的理论价值和较好的普适性,为不同层级创新人才提供了学科和技术的专业参考用书。

2. 国际航天工程科技人才培养

为响应国家"一带一路"倡议,进一步增强中国航天的国际影响力,研究院的国际化步伐不断加快,从国际航天交流合作逐步扩大到技术转让领域。神舟学院作为研究院人才国际化交流和沟通的窗口,开设了"国际卫星工程师培训项目",建立了高效的国际卫星工程师培训体系,为多个国家政府的航天部门和公司培养了大批优秀工程师队伍,促进其航天技术的发展,有效带动了"一带一路"沿线国家经济和社会的发展。国际卫星工程师培训项目成为中国航天对外交流合作的重要组成部分和国际市场开拓的重要筹码之一。

（1）项目简介

国际卫星工程师培训项目一般是根据商务卫星合同需求,通过系列专业航天技术和管理培训,使国际学员获得航天器相应领域的系统知识和操作能力,履约研究院国际合作项目合同,助力国家发展战略,从"技术交流"和"文化交流"两个方面践行"一带一路"倡议精神。目前,神舟学院完成了多期国际培训项目,覆盖尼日利亚、巴基斯坦、印度尼西亚、白俄罗斯、老挝、阿尔及利亚等多个多家,培养国际学员800余人,满足了客户政府航天人才需求,促进了各国航天人才队伍建设,有效带动当地经济、社会和科技的发展。

（2）项目目标

国际卫星工程师培训项目目标是帮助客户建立起自己的航天工程师队伍,以满足客户政府或公司在航天领域的发展需求。同时,国际卫星工程师培训项目也是中国航天在国际上培养更多的潜在客户和朋友的重要平台,通过该平台将扩大中国航天产品在国际宇航市场的品牌效应,创造更多潜在的机会,并能进一步促进和培养我国与友好邦国的长期战略合作伙伴关系。

（3）项目内涵

国际卫星工程师培训项目在研究院国际业务领域中是不可或缺的一个模块,它是根据国际客户对本国航天技术人才的需求,以国际卫星出口项目为依托,在部分参考研究院人才培养体系的基础上,为客户专门开发的国际卫星工程师培训项目。该项目在我国卫星出口市场中既作为产品也作为服务,由于其培训的对象是人,因此就是要选人和育人,即针对各政府用户建立本国航天队伍的需求,选拔出符合条件的学员,将研究院特有的航天器专业知识通过短期技术培训、长期专业教育和技术转让等各类培训特色产品,以授课指导、工作坊、动手操作和现场实习等手段传授给客户,培养出客户需要的人才,从而进一步促进研究院在国际航天器市场的客户满意度和产品份额。

国际卫星工程师培训也是研究院国际化人才培养的有效途径之一,为研究院的国内人才提供了非常好的平台,不但可以为其创造良好的外语交流环境,还通过上台授课的形式增强了自身业务系统性的学习,更通过与学员交朋友,促进了不同文化间的交流,拓宽了其国际化视野,提高了研究院国内人才与国际接轨的综合素质。

(4) 项目内容设计

完成客户需求分析。国际卫星工程师培训项目设计的第一步是完成客户需求分析。目前,研究院国际卫星工程师培训按市场来源主要分为三大类,每一类别培训都有相对固定的培训需求和目标。在明确客户培训类别和方向后,结合客户需求的特殊性,以国际卫星工程师培训产品体系为基石,进行方案策划,并完成项目设计。

定制设计方案。培训产品体系是客户培训的基石,它能够在市场开拓和培训设计阶段为客户提供强有力的支撑,有助于快速响应客户需求,完成符合客户需求的培训策划。培训体系由多个独立培训产品组成,培训产品是一个或几个完整知识结构的集合,是构成培训总体课程设计的独立个体。每个培训产品相对独立,便于灵活组合课程内容。

结合型号工程实践和国际卫星工程师培训经验,神舟学院初步建立起航天特色国际卫星工程师培训产品体系,覆盖宇航基础课以及不同飞行器系列的不同专业方向,满足了不同层次的客户需求。

设计教学方式。课堂授课。通过理论授课,完成卫星相关技术知识的讲解,为后续相关实践学习和卫星操作做好知识储备。

工作坊。拟订题目,分小组讨论,通过头脑风暴的形式将学员的创造思维和团队和作能力调动出来,提高学员对卫星相关领域知识和技能的探索能力。

虚拟卫星设计。以虚拟卫星集同设计软件平台为基础,通过相关卫星设计软件,实现半物理仿真的虚拟卫星项目,使学员能够有效地消化和理解理论知识,有效提升学员总体意识和独立设计能力。

卫星研制现场观摩与动手实践。通过卫星 AIT 操作实践平台帮助学员理解卫星的相关功能,用以提高学员的卫星总装测试实践动手能力。

卫星在轨模拟操作培训。通过卫星在轨操作模拟平台,使学员模拟卫星在轨操作流程,懂得如何操作卫星,并能够在卫星出现异常状态时采取必要的手段以确保卫星的稳定运行。

（5）项目成果

为客户政府培养了大批优秀航天工程师。国际客户培训的大多学员成为该国航天局技术骨干和管理人员,部分学员成为学科带头人和航天局高级官员。这些学员通过其在航天局的重要地位,对航天局结构进行了改革和创新,为更多的新生代工程师提供技术培训的机会,有效地推动该国航天技术的发展交流,并积极参与航天政策的制定。他们在后期与中国航天的合作项目中发挥了重要作用。

巴基斯坦通信卫星一号 KHTT 项目学员成为巴基斯坦空间和上层大气研究委员会主管卫星研发中心总经理,以他为代表的团队学员将在研究院获得的管理理念和专业知识应用于航天局结构的改革和重组,建立了巴基斯坦航天局卫星研发中心,积极促进中巴航天合作,提高了巴航天局在卫星研制领域的实力。

尼日利亚通信卫星一号项目一学员已经成为尼日利亚宇航局卫星系统部负责人和尼日利亚卫星项目重要监造人员,在后期与中国航天的合作项目中发挥了重要作用。

从 2005 年至今,国际客户培训项目已经成为中国实施卫星"交钥匙工程"中的一项重要保障手段,为中国航天多个整星出口项目提供了重要支持,比如,尼星 1 号、委星 1 号、巴星 1R、白俄星 1 号等。同时,研究院以航天技术交流合作为牵引,进一步拓展中国航天国际市场,并横向带动国际客户在其他高科技、新能源领域的需求以及与中国合作的契机,累计创汇 3300 余万美元。

成为国家的交流平台。通过国际客户培训这个科技和文化交流的平台,中方与对方学员建立了良好的关系,积累了人脉,不仅扩大了中国航天在国际宇航市场的品牌效应,同时也在全球为中国培育了更多的战略盟友,进一步提升了中国航天的国际影响力。

（三）人才培养模式

1. 航天教育"请进来"——航天专业硕士学位教育

为了更好地将学位教育与航天工程实践相结合,2016 年 12 月,经教育部批准研究院下属企业大学——神舟学院已正式面向"一带一路"沿线等友好国家招收国外留学生来华攻读航天专业硕士学位。目前，已有巴基斯坦、白俄罗斯、哈萨克斯坦和柬埔寨等五个国家的留学生被录取来华参加首届学习。来自中国国家航天局和中国航天科技集团公司的相关领导以及五国驻华使馆的公使、参赞、武官等官员共同参加了开学典礼。研究院也因此成为中国军工系统内首家招收国外留学生的单位。

随着一批批国际航天合作项目的成功落地，研究院有力地践行了我国提出的"加强一带一路国家在高新技术领域合作"的倡议，对体现我国积极承担国际义务，巩固中阿合作论坛、中非合作论坛、中国东盟领导人峰会和中国拉美共同体论坛等政治外交成果具有重要意义，同时也为中国企业走出去"更注重国际形象"吹响了新的号角。对于广大发展中国家而言，研究院对外开展的整星出口等国际航天合作项目，使一批用户国家在利用空间资源服务于本国的经济建设方面首次从理论走向实践、从仅以应用为主走向应用与航天能力建设并重，催生了从政府主管部门到运营管理企业再到下游用户的一整套新兴的航天产业链，大大提升了相关国家在通信、国土资源、环保、减灾、城市治理等方面的数据收集和科学决策能力。

2. 航天教育"走出去"——中国航天远程教育系统

响应国家"一带一路"倡议，通过宇航及应用等科技手段积极推动我国与沿线及延长线国家实现文化互通、民心互通。中国航天远程教育系统以中国航天技术为支撑，建立中国与沿线国家的宇航科技及应用的文化教育纽带，面向沿线国家实现中国航天技术体制、中国航天管理体制及中国航天文化理念的输出，增进沿线国家对中国航天技术文化的理解并扩大中国科技文化在沿线国家不同社会阶层的影响力。

依托航天技术开展文化交流，在沿线国家航天领域提升中国航天的影响力，增强沿线国家在航天及相关领域的政府管理部门、航天工业和相关产业界及学术界对中国航天技术和文化的认同。真正的认同涉及沿线国家相关领域的各阶层人士，这类人员包括精英人士、一般的管理和技术人员及学生。

通过航天教育"请进来"实现对沿线国家该领域精英人士的覆盖，通过航天教育"走出去"实现对该领域一般管理和技术人员及学生的覆盖。采用中国航天远程教育系统来支撑航天教育"走出去",能够实现对沿线国家该领域一般管理和技术人员及学生群体的覆盖。中国航天远程教育系统本身以中国航天技术及资源为基础,结合先进的技术教育内容资源,面向该领域内不同阶层的受众提供远程的技术培训、研讨论坛、学历教育和资源共享。

(1)实施策划

中国航天远程教育系统拟采用先示范演示、后全面复制的两阶段方式分步实施,逐步完成沿线国家的覆盖。第一阶段,示范工程阶段。在国内建设中国航天远程教育系统示范中心,同步选取与我国关系友好、具备条件的重点国家进行示范系统海外站点建设,并在运行中形成固定的互动、推广和运营模式。第二阶段,复制推广阶段。升级扩容中国航天远程教育系统示范中心,按照沿线国家影响力和对我国的重要性排序分批开展中国远程教育系统海外站点复制推广。

(2)示范工程

中阿两国政治互信度高,恰逢 2017 年年底我国为阿尔及利亚成功发射了该国首个通信卫星 ALCOMSAT-1,通过卫星技术延伸应用推动中阿两国在文化和教育上合作发展,因此,选择中-阿航天远程教育系统作为首个示范工程意义重大。中-阿航天远程教育系统示范工程,拟通过在中国建立航天远程教育系统中心,构建基于卫星、互联网及云计算技术的远程交互共享平台,同步在阿尔及利亚航天局、教育部、电信公司和大学建立海外航天远程教育站点,使中阿两国航天领域的合作能迅速有效地分享双方的航天科技、管理体制及航天文化领域成果,并在后续中阿航天合作中体现示范工程效果。综合各种因素,第二批开展中国航天远程教育系统海外站点复制推广国家为埃及、苏丹、突尼斯和阿联酋。

三、海外工程人才培养障碍及需求

(一) 人才培养障碍

1. 环境障碍

无论什么类型的国际化工程,不仅需要掌握当地主流的官方语言,还要掌握对象国的文化、社会、政治、经济等状况。但是,在海外培养当地工程科技人才时,我们面对的往往是不同文化之间的隔阂,不同的政治主张,不同的经济走向等问题。这些都是中国实施海外工程在处理国际事务或者涉外事务时阻碍重重的根源。

第一，海外工程人才培养面临的是语言方面的问题。目前，研究院所承接的海外工程主要是来自亚非拉等地区和国家，这些国家的官方语言主要为英语和西班牙语，部分国家采用阿拉伯语。由于研究院在完成海外任务时派驻的均是非外语专业的工程技术人员，他们虽然精通专业技术，甚至是专业技术外语，但要完全用外语将专业技术表达清楚并且能解释清楚，仍然是个不小的挑战。由于工程技术人员非外语专业，而且环境和任务造成他们无法抽出更多时间强化外语水平，所以其外语沟通能力主要取决于个人语言天赋及利用业余时间学习的投入，部分工程技术人员的外语离自如对外交流还有相当距离。

第二，进行海外人才培养时不仅要把注意力放在对外语、对涉外专业的掌握，还要更专注于对国外环境的熟悉，对异国文化、宗教等的了解。尤其是宗教方面，很多国家的文化往往来自其所信仰的宗教。由于我国是一个尊重人民宗教信仰的国家，人们对宗教的认识往往是从了解历史当中获取，从书本当中学习，没有将宗教作为人生信条的意识规则，这往往与很多以宗教为管理意识和运行规则的国家大相径庭，这就要求研究院的工程技术人员在开展海外工程时需要格外注意，往往一个简单的动作、一句简单的话，甚至一个简单的眼神都有可能带来意想不到的负面后果。为避免类似错误的发生，外派人员应该在出国前学习一些宗教知识，在抵达国外后应主动向国际友人了解宗教文化方面的禁忌等。

第三，当地的法律法规、政治经济及商务规则等也是海外工程人才培养所必须考虑的重点问题，这些也是除宗教文化外我们面临的最大的潜在障碍。在与当地企业建立商务关系之前，需要提前考虑，通过新闻和参考书了解当地的法律法规和政治经济，也可以通过已经与当地建立良好关系的同行了解相关商务操作规则，必要时还可以向当地的使馆或本地国家政府部门寻求帮助解决相关法律和政策上的问题。

2. 机制障碍

中国国际地位的提升，是中国改革开放 40 年经济飞速发展的成果。世界各国热衷于与中国开展各种经济贸易合作，成为中外交流合作的主流，并随之带动了人文领域的互通互访。在为外国企业培养本国工程技术人才的过程中,该国该行业需要什么样的工程技术人才、工程技术人才培养的障碍有哪些等问题,我们需要有非常清晰的认识和思考。

专业互认体系障碍。部分"一带一路"沿线国家的教育体系与我国的教育体系不尽相同。若沿线国家采用的是欧美等发达国家的教育体系,则会与中国的教育体系有很多不同之处,尤其在专业设置上。很多国家开设的专业课程中国没有开设,而中国所要求的专业课程内容国外的高校也没有设置。这就导致我们在培养国外本地工程师时,往往感觉"无的放矢"。

资源投入机制障碍。部分"一带一路"沿线国家受制于本国经济发展的限制,其资源投入通常有限,对人才培养所需的教学条件投入无法达到研究院所要求的水平,有可能出现由于资源投入不足导致的项目延期,人才培养上也会出现窘境。

人才流动机制障碍。部分"一带一路"沿线国家的政府部门功能不很完善,运管效率不高。沿线国家大多对人才的流动性管理缺少科学统一的规划和统筹,导致部分优秀人才流失国外或者人才难以安排到合适的岗位,人才无法发挥其全部作用。

(二) 人才培养需求

人才培养对"一带一路"国家人才队伍建设来说是至关重要的一环。将所要培养的国际化人才的素质进行细化,需要将其分解到具体的培养机构去,这是落实国际化人才培养的主要途径。

1. 本地人才培养需求

研究院以"为客户培养最合适的人才"为理念开展海外本地人才培养工程。首先,需要本地人才具备较高的专业知识素养。从目前情况看,需要在本地人才知识水平不能完全达到要求的情况下,尽量选择与中国专业素养要求相似的国际化人才,这将有利于本地人才的迅速成长。随着该国本地化人才对知识接受能力的提高,可适当地放宽对专业知识素养的限制。其次,需要本地人才具有良好的人格品质和开朗包容的性格特点,通过建立不同的沟通交流渠道让外国工程师和我国工程师加强相互了解,确保相关问题能得到高效解决。最后,需要本地人才具有好学的精神和扎实肯干的意志品质。

2. 外派人才培养需求

加强外派人才的培养和建设，首先就需要明确人才的培养形式。外派人才要具备国际视野、通晓国际规则、能够参与国际事务、适应国际竞争等特点。对于海外企业的人才培养，实践锻炼是其主要形式，其中轮岗培训和以老带新则是两个最重要的方式。在不同的国家、不同项目甚至不同岗位进行轮岗交流，有利于培养国际化人才的全球化视野和综合能力，而以老带新、新老搭配则是国际化人才持续供给的保证。因此，研究院通过轮岗培训和以老带新的方式，加强外派人才队伍的建设和培养，通过员工的流通，将知识带往海外的项目中，有效地解决员工学习和工作之间的冲突。国际化人才的使用与培养是相辅相成的，这个环节同时也为研究院自身业务的拓展源源不断地提供内部人才。对人才人性化的管理以及高效率的任用，研究院得以实现战略、赢得市场。

四、海外人才培养展望及建议

（一）人才培养展望

中国特色社会主义进入新时代，中国提出的"一带一路"倡议、构建人类命运共同体理念，在国际上受到普遍欢迎，但在中国参与全球化治理、中国企业"走出去"的过程中，却时常受制于国际化人才的短缺。要树立人才培养的全球化观念，即以全球性眼光审视人才培养的标准、内容、层次、机制，加强顶层设计和体系性变革，希望最终培养出具有全球性竞争力的国际化人才。

（二）人才培养建议

1. 政府层面工程科技人才培养建议

为海外工程科技人才搭建国际化交流平台和渠道，拓宽海外工程科技人才的国际化视野。

对海外工程科技人才出国进修给予一定的政策倾斜，提高海外工程科技人才的能力和水平。

由政府推动中国品牌出口工程，带动相应海外工程技术人才走出国门，传播中国文化，扩大世界影响力。

2. 院校工程科技人才培养建议

优化专业结构,促进专业建设标准化。院校建设国际化人才培养模式,首先要打造与国际先进水平接轨的、被国际执业机构认可的专业品牌,以满足不同国家和地区、行业和产业等国际人才市场对国际化人才的需求。高校应根据社会发展需要和学校自身特点,调整专业定位,改造、更新传统专业,剔除陈旧、过时的课程内容和专业结构,设置符合当地发展需要的特色明显、社会急需、交叉综合的专业,形成体现学校专业优势、主动适应社会发展的综合学科专业结构。同时,要在专业建设过程中加强同社会和国际人才市场的联系,促进专业建设标准化,使培养的人才符合国际认可的专业人才质量标准,实现专业建设的国际化。

推进教学改革,构建国际化课程体系。课程建设国际化是高等教育国际化的重要组成部分,是实现培养国际化人才的重要支撑。中国高校可以充分利用自己的优势和特色,从课程设置、教学内容、教材等方面不断改革课程结构,开发国际化教育课程。在全校范围内,开设"国际关系""世界文明""国际经济""外国文学与艺术""中外文化交流"等方面具有国际性内容的公共选修课程,使学生掌握扎实的文化背景知识,增强跨文化交流与合作能力。开展双语教学,鼓励教师根据课程性质和教学对象采用多种教学方法,调动学生的积极性,把学生的语言过程与思维过程逐步融合起来,从而改变教学模式,实现在教学层面与教育发达国家接轨。利用网络教育资源分享国外优质课程资源,师生可通过网络图书馆查阅各国学术资料,拓宽知识面。

发展留学生教育,推进人才培养国际化。来华留学生占学生总数的比例直接关系到一所院校国际化程度的高低。进一步扩大留学生规模,招收与我国开展"高铁""航天"等品牌性国际出口项目业务合作的国家留学生来华学习,促进学校人才培养的国际化程度,是落实学校国际化战略的重要举措。我国高校应适应国际汉语教育的发展趋势,利用自身的学科专业优势,多渠道多层次发展来华留学生教育,加强学生之间的国际交流,努力提高学校的国际化程度。同时,学校应加强来华留学生的非语言类课程教学,大力推进针对来华留学生的双语教学工作,引进国际化课程和教材,开设英语教授的中国政治、经济、社会、文化、历史、艺术等方面的课程,解决专业课留学生的语言障碍问题,吸引更多的来华留学生。此外,积极推进学校教育国际化,适当增加来华留学生的奖学金比例。此举不但对留学生具有较大吸引力，而且能提高留学生在华的学习热情。

3. 企业工程科技人才培养建议

搭建国际化实践平台。对国际化人才来说，除了掌握必要的专业技术以外，对中外文化的熟悉和理解以及对国际知识的基本掌握也是必需的，为此应重视为工程技术人才创造出国学习和工程实践的机会。企业可以通过单位内部组织外语竞赛等形式选拔外语好的专业技术人才；采取"请进来，走出去"的模式，积极为工程科技人才创造机会，组织工程科技人才赴国外著名工程企业培训或参观交流，学习国际领域最新的专业技术，了解国际领域最前沿的信息；邀请国际领域内著名专家来华授课，加强国际合作与交流，以较低的成本获得较高质量的知识和专业信息。

借助海外工程拓宽人才培养的渠道。海外项目的实践锻炼是培养国际化人才的主要形式。在实践锻炼中，轮岗培养、以老带新是两个重要的方式。在不同国家、不同项目甚至不同岗位之间进行轮岗交流，有利于培养国际化人才的全球视野和综合能力，而以老带新、新老搭配则是国际化人才持续供给的保证。对于知识性和技能性方面素质的培养，以课程化的形式实施较为合适。对于行业性专业知识的传授，可通过搭建"内训"体系，将"内训"课程送达海外进行传授，这将很好地解决工作与学习、时间与空间之间的矛盾。对于国际化人才的通用技能，宜将技能模块化，结合实际情况利用"外训"资源，通过集中开课或网络授课的形式常态性地开展。

（案例整理：徐立辉、陈国宇、赵晟）

案例二　中交马来西亚东海岸铁路项目

一、基本情况

中国交通建设股份有限公司(以下简称"中国交建")是大型基础设施综合服务商,主要从事交通基础设施的投资建设运营、装备制造、房地产及城市综合开发等业务,提供投资融资、咨询规划、设计建造、管理运营一揽子解决方案和一体化服务。

中国交建成立于2005年底,是中国第一家实现境外整体上市的特大型国有基建企业。中国交建在香港、上海两地上市,公司盈利能力和价值创造能力在全球同行中处于领先地位。2018年,中国交建合同额大约为160亿美元,约合1000亿元人民币,居《财富》世界500强第91位;在国务院国资委经营业绩考核中"13连A"。

中国交建马来西亚东海岸铁路项目是由中国交通建设集团公司负责实施的"一带一路"沿线最大的交通基础设施项目,是中马两国之间最大的经贸项目,也是中国企业在海外实施的最大的单体工程。该项目于2017年4月正式启动,目前正在建设之中。

马来西亚东海岸铁路项目规划长度为688千米,投资金额约合860亿人民币,工期为7年,客运设计时速为160千米,货运设计时速为80千米,东海岸铁路成为马来西亚最快的一条铁路干线,将惠及440万人口。项目起点为吉隆坡北部的鹅唛,终点为吉兰丹州的瓦卡巴鲁。该项目呈现出三高、三大的特点:

国际关注度高。中马两国政府对项目高度重视,东南亚周边国家也广泛关注。项目实施结果将直接影响众多国家对"一带一路"倡议的认识。

设计技术标准高。线上系统和车辆采用中国标准,线下土建部分采用马标/英标,要求中外技术标准有效衔接和融合,打造国际领先的标轨铁路。

安全质量要求高。马来西亚HSE和QA/QC要求严格,项目的关键性控制工程云顶隧道全长16.375千米。

项目规模庞大。项目合同总额接近130亿美元，是目前中国企业在境外实施的规模最大的工程。

资源投入巨大。中国交建首次在马来西亚实施长、大电气化铁路项目，需要整合中马两国乃至全球的工程建设优质资源。

时空跨度大。项目合同工期7年，缺陷责任期2年，穿越马来西亚4个州。

项目实施困难主要来自三个方面：第一，组织协调较难。铁路线路长，沿线路基、桥梁、隧道分布点多、面广，对施工组织、协调管理带来极大挑战。第二，征地拆迁难。项目全线大部分为私有土地，征地拆迁工作量和难度巨大。第三，国内进人难。马来西亚对外籍技术人员和劳工的引入政策比较严格，并实施劳工配额制度，申办工作签证历时较长。

公司积极面对困难，通过建设设施联通，带动贸易畅通，促进民心相通。"东铁项目"是马来西亚的民生工程，旨在提升当地民众的生活水平、改善民生。因为"一带一路"的"五通"目标中，民心相通是沿线国家建设的社会根基和民意保障。东铁项目运行过程中积极吸收当地的工程建设人才，提供就业机会，更重要的是通过对当地人才培养，提高当地的人才素质和工作能力，给当地留下优质工程的同时，也留下一批高水平的项目建设和运维人才。通过人才培养建立起来的民心相通，为东铁项目实施打下了坚实基础。

二、海外工程人才培养经验及模式

公司在合同签署期就提出了以培养当地工程师为主的项目人才发展战略，在人文交流中提倡企业承担社会责任，致力于打造充分体现工程伦理的优质工程项目。工程实施一年多来，得到了马来西亚当地社会的赞赏，成为许多马来西亚工程专业人才的首选就业企业。

（一）人才培养计划

中交马来西亚东海岸铁路培训计划，旨在5年之内（截至2022年）为马来西亚培养3600名优秀的铁路建设及运营维护人才，增加当地就业机会，促进两国友好交往。

公司精心策划了"中马铁路人才培训合作计划"，积极履行社会责任，最大限度地投入人力、物力、财力，为马方培训培养铁路建设和运营人才，创造就业机会，带动当地经济发展。

中马铁路人才培训分为三个阶段:第一阶段,铁路建设;第二阶段,机械设备操作;第三阶段,运营维护。培训规划又分为两部分:第一部分为专业培训,主要针对大专本科生进行培训,培训时间为 3~4 个月;第二部分为技术培训,主要针对有经验的技术人员进行培训,培训时间为 2~3 个月。中马铁路人才五年培训计划如表 7 所示。

表 7　中马铁路人才五年培训计划表

年份		2018 年	2019 年	2020 年	2021 年	2022 年	小计
文凭	技术	560	960	560	400	400	2880
大专	土木	59	101	59	8	8	235
	机电	11	19	11	42	42	125
本科	土木	59	101	59	8	8	235
	机电	11	19	11	42	42	125
总计		700	1200	700	500	500	3600

数据来源:中交集团

(二) 人才培养经验

自 2017 年 9 月 25 日,中马铁路人才培训已经完成 4 个班次(见表 8),分别为:专业培训 2 班次,技术培训 2 班次,为马来培训当地学员共计 445 名(男:372 名;女:73 名),目前都已派往工程项目工作岗位上。

表 8　中马铁路人才培养计划培训结业人员表

班级名称		第一期专业培训		第一期技术培训		第二期专业培训		第二期技术培训		小计
年份		2017 年 9 月		2017 年 12 月		2018 年 2 月		2018 年 3 月		
性别		男	女	男	女	男	女	男	女	
文凭	技术	—	—	134	3	—	—	130	—	267
大专	土木	12	8	—		18	8	—		46
	机电									0
本科	土木	14	15	—		23	27	—		79
	机电	—				41	12	—		53
总数		26	23	134	3	82	47	130	0	445
		49		137		129		130		

数据来源:中国交建(2018 年 6 月)

在人才培养过程中，课题组发现马来西亚工程师中女性占比偏高的特点。因为马来西亚信奉伊斯兰教，并不鼓励女性外出工作，而工程师作为马来西亚较最欢迎的职业之一，有幸成为有机会读书且成绩较好的女性的职业首选。女性学员在人才培养前的选拔中就已经体现出优势，而她们又更加珍惜这样的培养机会，因此其学习成绩就格外优异。在调研过程中，课题组还遇到过女性学员占比超过5成的班级，而这个班级的专业恰恰又是入学要求最高的土木专业。在调研过程中，课题组还发现，由于马来西亚就业机会并不公平，在技能专业中只有男性学员才能有机会参与其中。

公司除了在海外建工程、交工程的项目实施，还非常注重培养当地的人才，以项目促进当地人才素质的提高，坚持在工程做完后还留给当地宝贵的人力财富。

在走出去的同时，中交集团还主动承担传播中国工程文化和民族文化的任务，充分尊重当地的文化，在包容的基础上沟通，以人文交流促进工程的发展。

总之，人才培养与人文交流是工程科技海外发展的两个重要动力，正是这两方面的推动才能使得企业的经营目标和社会目标顺利达成，为中国企业海外发展保驾护航。

三、海外人才培养展望及建议

（一）人才培养展望

海外人才应该能够精通外语、掌握专业，具有较强的跨文化沟通能力和国际化运作能力。顺畅沟通是国际合作的基础，海外人才必须熟练掌握外语，兼具跨文化沟通和国际化运作的能力，才能克服沟通障碍，理解东道国文化并用对方能理解的方式来诠释中国的所思所想所为，同时要将外语与专业知识技能相结合，用外语和跨文化国际化思维进行专业领域的沟通与合作。

海外人才应该熟悉国际规则、具有扎实的区域国别知识。在推进全球化进程中，只有熟悉国际规则，了解对象国国情，才能采用恰当的方式，在文化冲突之间找到彼此的相同点，用对方能理解和接受的方式表达自我诉求，争取对方支持，掌握主动权和发言权，在全球化竞争中把握机遇和争取主动。

海外人才应该具有国际工程全球领导力。未来卓越工程人才不仅要有优秀的专业能力,还要有较强的跨文化沟通能力以及领导能力。海外人才必须具备良好的组织、沟通、协调能力,积极的合作、文化包容意识和能力。

(二) 人才培养建议

建议设立"一带一路"人才培养的专业研究生学位项目。创新学习方式,充分利用项目运行的实践平台,结合"一带一路"实践特点,建立专业技能与国际化理念结合的实用性学位项目,激励工程科技人才的进一步发展。

在人才培养项目中,建议结合国际化、管理技能、自我认知于一体,设立专门的全球领导力培养项目。

(案例整理:沈晔)

案例三　中国中车股份有限公司

一、基本情况

中国中车股份有限公司(以下简称"中国中车"),是由中国北车股份有限公司、中国南车股份有限公司按照对等原则合并组建的上市公司。2015年,中国中车组建完成。同年,中国中车在上海证券交易所和香港联交所成功上市。

截至2016年,中国中车拥有46家全资及控股子公司,约有17万员工。据中国中车《中期报告2018》官方数据显示:2018年1—6月,中国中车实现收入846亿元人民币,实现税后利润49.4亿元人民币,同比增长7.4%;公司股东应占利润41.18亿元人民币,同比增长12.16%。

中国中车品牌定位为以高端装备为核心的全价值创造者。目前,企业已经发展成为全球规模领先、品种齐全、技术一流的轨道交通装备供应商,建设了世界领先的轨道交通装备产品技术平台和制造基地,高速动车、大功率机车等系列产品已经全面达到世界先进水平,产品遍及全球六大洲近百个国家和地区。

依靠"一带一路"和全球轨道交通装备产业大发展等机遇,中国中车实施国际化、多元化、协同化发展战略,推进以"转型升级、跨国经营"的全球化战略,做"中国制造2025"和"互联网+"的先锋。未来,中国中车将发展成为以轨道交通装备为核心,跨国经营、全球领先的高端装备系统解决方案供应商。

近些年,中国中车开创了中国机车技术及产品发展的又一个里程碑,使中国机车的系统研究开发、规模生产制造、供应链体系建设、运维服务健全等全面迈上了一个新的台阶。中国中车在铁路客车方面具有雄厚的自主研发能力和制造能力。中车客车已经形成由博士、硕士、高级工程师、教授级工程师组成的2000人的研发团队。具备年新造检修高速动车组超过600组、年新造铁路客车超过3000辆、年检修铁路客车超过4500辆的能力。在货车研发方面,中国中车具备研制开发运行速度160km/h快捷货车和轴重42~45t重载专用货车的能力,已研制开发并批量投入运用涵盖最高运行速度120km/h的全系列货车产品。

中国中车轨道利用国际先进技术,开发包括系列钢轨打磨车、钢轨探伤车、焊轨车在内的一批具有国际水准的高端产品,形成五大产品系列 14 个品种,完成对牵引、施工、维保、检测、救援等平台的全覆盖。未来,中国中车轨道工程装备板块将以高端、先进、智能为方向,继续推出高效率、多功能、综合维护、自诊断服务和远程控制为目标的高端产品,为用户全业务领域维保提供系统解决方案。

中国中车积极推动轨道交通以外产业的延伸与发展,已拓展并形成九个新产业板块,分别是风电装备、高分子复合材料、新能源汽车、环保产业、船舶与海工装备、光伏发电、智能装备(含工业机器人)、重型工程机械及矿山机械、信息及软件技术等产业板块。

目前,中国中车已经形成以机车、客车、货车大修为主的服务体系,建立起以用户为中心、市场为导向的覆盖产品全过程的完备服务网络,积极健全车辆全寿命周期服务体系,在用户培训、零部件供应和修理方面为用户提供相关服务。相关数据显示,中国中车已经在国内设立了动车组、普通铁路客车售后服务站点 59 个,配备售后服务人员 1600 余人。

二、海外工程人才培养经验及模式

在快速发展的道路上,中国中车格外注重人才储备发展,关注人力资源管理,强调人才队伍建设,重视教育培训体系,在国家"一带一路"战略的引导下,公司制定了国际化发展战略。

(一)人才培养特色

站在新的发展起点上,中国中车勇于面对新的世界挑战,借助"一带一路"等重大机遇,以全球视野和开放心态,立足配置全球资源,融入国际产能合作,全面落实人才培养体系。

1. 中国中车人才战略

中车驰骋,人才牵引。速度和质量彰显中车品牌形象。在中车驰骋全球、建设世界一流跨国公司的征程中,人才发挥着不可替代的牵引驱动作用。

创新发展,人才至上。创新是驱动中车转型升级、跨国经营的根本力量,创新驱动的实质就是人才驱动。公司把人才提升到第一资源、唯一资源的高度,识才、爱才、敬才、用才,尤其重视引揽、选拔、开发、激励创新型人才。

价值分配,人才唯先。人才是价值创造的力量源泉,价值分配应当把人才放在首位。公司不断丰富和完善人才激励机制,全力创造价值、科学评价价值、合理分配价值,让人才资本的价值链管理切实发挥出功效,充分调动人才的积极性和创造性。

2. 高层次人才培养:"6116"工程

"6116"高层次人才培训工程是指,到"十三五"时期末,中国中车高级职业经理人达到600名以上,国际化人才达到10 000名以上,核心技术人才达到10 000名以上,核心管理人才达到6000名以上(见图18)。

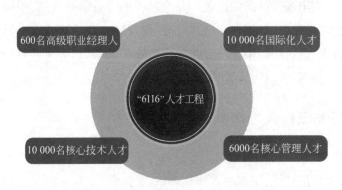

图18 "6116"工程高层次人才培养示意图

图片来源:中国中车官网

推动人才内生机制,实施"全球引智"项目,大力推进人才市场化选聘,建立管理培训生制度。高度重视高端人才培养,推进中国工程院培养工作,畅通对接"千人计划""政府特殊津贴""詹天佑科技奖""茅以升铁道工程师奖"渠道,加快轨道交通装备领域领军人才培养,提高专业人才在行业的影响力。

畅通员工职业生涯发展通道,加快核心技术、核心管理人才队伍建设。努力培养公司级科学家20名,首席技术专家100名,资深技术专家1000名,技术专家3000名,子公司级技术专家6000名;培养公司级首席管理专家20名,资深管理专家500名,管理专家2000名,子公司级管理专家3500名。

3. 国际化人才培养："631"工程

"631"工程，即中国中车通过内部大学和子公司，培养6000名具有语言交流能力的国际初级人才；利用国内高校的优质资源和培训资源，培养3000名具有语言交流和跨文化管理的中级国际化人才；利用境内外高校、国际一流企业的优质培训资源，通过境外公司的岗位实践，培养1000名具有国际化视野和胸怀、精通国际规则和国际化经营的高级国际化人才。

"631"工程是中国中车人才战略"6116"工程的重要组成部分。该工程配合公司国际化发展战略，以培养精通国际规则、具有跨文化管理能力的人才为目标，工程由不同的国际化人才培养项目组成。其中，高级项目通过国内外高校和企业资源完成培训，英语技能和国际商务、国际礼仪、跨文化管理、全球化项目管理、跨国投资与并购等MBA课程同期开课，利用网络前置培训、境内集中培训、境外随岗实践、课题研究等培训方法实施系统培养。

4. 培训开发："3533"工程

全力打造"中国中车人才高地"，落实"3533"人才培训开发工程。"3533"工程，即围绕培训量能、人才育成、体系建设三大目标，聚焦职业经理人、国际化人才、核心技术人才、核心管理人才、核心技能人才五支队伍，建设培训管理、培训课程、培训师三大体系，搭建中车大学、企业培训基地、外部培训资源三大资源平台(见图19)。

全面建立中车培训管理体系。依据ISO 10015国际培训标准，构建行程"源于标准，高于标准，具有特色"的中车培训管理体系。培训管理体系文件包括1个管理手册、8个程序文件、7个管理办法和48个记录表单(见图20)。

培训管理体系是中国中车战略人才管理体系的重要组成部分，有效助推中国中车培训管理"规范化、系统化、一体系、信息化"的全面落实。

（二）人才培养方法

1. 依托"631"工程，倡导外派人才国外进修深造

中国中车依托"631"工程，总结了一套适合公司国际化高级人才培训的方法，倡导外派人才国外进修深造。培训班学员全部为本科及以上学历，并拥有5年以上的工作经验，整个项目是全英文封闭式教学模式。

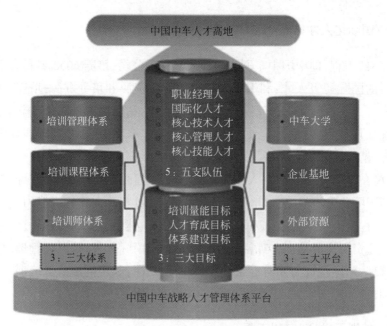

图 19 "3533"工程示意图

图片来源：中国中车官网

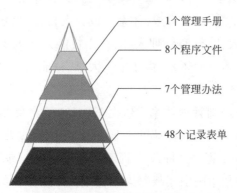

图 20 中国中车培训管理体系

图片来源：中国中车官网

（1）"631"工程项目培训班课程目标

中国中车积极推进国际化人才建设，"631"工程 2017 年高级项目在西交利物浦大学、宁波诺丁汉大学开班。该项目成为助推中国中车国际化发展战略实施、打造国际化公司、全面提升公司国际化项目运作和国际市场经营能力的重点工程。"631"工程项目培训班课程目标：

提升国际商务技能,重点关注跨文化谈判交流;

提升并购整合企业的管理技能;

培养跨国企业的领导能力;

培养国际化思维及分析能力;

全方位提高英文水平。

(2)"631"工程项目培训班阶段构成

境内集训阶段。学校通过一对一的面试选拔出优秀学员。国内集训时间4个月,需要强化英语技能,完成国际商业环境、国际礼仪、跨环境管理、跨国投资与并购等专业课程,辅之以国际化的专题讲座和企业考察,采用国际上学院互动式的分层教学法开展教学。

境外实训阶段。培训以提升学员国际化项目的实操能力为目的,择优选拔学员分赴美国、英国、德国进行为期一个月的海外企业培训,从文化体验、国际商务、项目管理、技术创新和国际化优秀企业等方面进行深入的学习,既有固定的课程安排,也有跨文化实践探索的要求,进一步拓宽培训学员国际化的视野。

课题研究阶段。学员利用所学专业知识和管理工具,结合境内外学习的调研成果,以小组为团队,助力提升公司国际化综合管理能力。

2. 联合发展海外研发平台,联合培养研发工程人才

中国中车联合各国积极推动海外研发平台发展。2018年11月,中国中车南非轨道交通技术联合研发中心在约翰内斯堡成立。目前,中国中车已先后在美国、德国、英国、瑞典、捷克、以色列、土耳其、南非等国成立了15家海外研发中心,研发中心的侧重点各不相同。例如,中国中车的大功率半导体研发中心和传统技术研究中心设立在英国,电磁兼容性联合研发中心设在美国。此外,中国中车还通过资本运作成功并购了英国丹尼克斯半导体、德国博戈公司等。中国中车充分利用已经成功运营的海外研发平台培养研发工程人才。

中国中车联合海外建立的研发平台,也成为中外培养研发人员的重要平台。公司推进中企外校合作和中企中校合作模式,招聘同济大学、西南交大、北京交大、中南大学等国内高校的优秀毕业生,依托海外高校进行课程培训。同时依托海外平台开展研发创新,海外研发中心的研发方向决定了海外研发人员的发展路径,随着研发中心数量的增加和研发方向的增多,海外研发人员的数量和素质也随之增长,海外研发团队逐渐成型并发展壮大。

3. 筹建中国中车大学，构建培训项目开发实施主体

2015 年，中国中车决定成立中国中车大学。2016 年，中车大学揭牌成立。中车大学是中国中车的企业大学，设置规划发展部、学习研究部、项目管理部和综合管理部四个职能管理部门；下设领导力与管理学院、工程技术学院、营销与供应链学院、职业技术学院和网络学院等五个学院，分别承担相应的培训职能和项目任务。

4. 举办国际化招聘会，大规模招募全球优秀人才

为了吸引适合企业发展的高精尖人才，中国中车陆续举办国际化的全球人才招聘会。

2016 年，企业远赴德国招聘，先后在法兰克福大学、德累斯顿工业大学、柏林工业大学、斯图加特大学举办校园专场招聘会，招聘包括电气系统、网络控制、机械技术、大数据挖掘、微电子等专业的领军人才，以及电气研发、车辆研发、噪声控制、材料开发、工艺开发、项目管理、市场开拓、高级翻译等专业人才。

2017 年，企业在美国 5 所高校开展专场招聘会，包括麻省理工学院、芝加哥大学、伊利诺伊大学、斯坦福大学、加州州立大学等高校，涵盖海外留学生和海外成熟型人才，涉及机械及材料、电气电子、计算机科学、经济管理等专业方向，招聘工程师、经理、翻译等职位。

2018 年，企业在欧洲和美国举办 6 场招聘会，包括一场成熟型人才专场招聘会，成功签约优秀人才 52 人，涉及软件工程、机械工程和电气工程等专业。已签约人才部分来自全球顶尖高校，例如斯坦福大学的电力电子专业等。

（三）人才培养模式

1. 依托院校—依托项目—校企合作

中国中车依托国内外院校，依托"631"工程国际人才培养项目，积极开展校企合作。中国中车从 2011 年开始进行培训，依托宁波诺丁汉大学和苏州的西交利物浦大学资源完成教学任务。"631"工程相关项目共计录取 9669 人，境内项目培训 699 人，其中 544 人通过考核参加了境外阶段的培训。

2. 中车大学—企业办学

中国中车学习发展体系的核心载体，是助力国家战略，响应国家号召，顺

应时代要求,探索企业学习的新模式。中车大学可全面统筹规划企业内外部的培训资源,落实人才培训开发工作,帮助公司实施人才发展战略,助推企业发展和员工成长。

三、海外工程人才培养障碍

(一)全球胜任力不足,缺乏复合型人才

与项目地不同的文化差异、风俗习惯、交流语言等,对外派工程人才形成了挑战,也对其胜任力提出了更高的要求。这就要求工程人才开始向复合型人才转变。目前,缺乏复合型人才已经成为制约公司发展的短板,也是制约其他企业海外发展的重要障碍。中国中车想要走向海外,不仅需要专业技术人才和商务人才,更重要的是复合型人才。公司缺乏技术、研发等人才可以通过招聘等途径迅速得以解决。但是,精通专业技能、善于处理商务事宜、了解海外文化、能够使用本地语言沟通的复合型人才,就尤为难得。

(二)缺乏高级别商务人才

由于政治、法律法规、商务等大环境的制约,国内企业在海外运营经常碰到各种商务问题。海外政府相比于国内企业更为强势,商务沟通就显得更为重要。例如,部分海外商务事宜虽有国际惯例作为支撑,但是在部分海外国家无法落实,技术和研发人才通过培训获得的商务常识无法得到有效运用。培养高级别商务人才,可以有效解决谈判中遇到的商务难题。

四、海外人才培养展望及建议

中国中车希望利用中国工程院的影响,帮助走出国门的企业进行分门别类的培训,打造国际化的人才培养体系。目前,国内的培训课程比较单一,院校提供的培训项目不能满足公司海外发展的需求。中国中车希望国内外更多的院校加入进来,确立国际工程人才的质量标准,吸引优质师资队伍,打造特色精品教材,优化实践基地,实施质量评价。帮助中国企业建设海外中坚工程人才梯队,帮助中国企业迈出国门在海外站稳脚跟,是高校应尽的责任。

(案例整理:李晶晶)

案例四　中国中铁股份有限公司

一、基本情况

中国中铁股份有限公司(以下简称"中国中铁")，是一个历史悠久、业绩辉煌、文化深厚的特大型中央建筑企业。它的前身是中国铁道部工程总局和设计总局。此后，又先后变更为铁道部基本建设总局、中国铁路工程总公司等。2007年，中国铁路工程总公司独家发起设立中国中铁股份有限公司(见图21)。

中国中铁是集勘察设计、施工安装、工业制造、房地产开发、资源矿产、金融投资等业务于一体的特大型企业集团，主要从事包括铁路、公路、市政、房建、城市轨道交通、水利水电、机场、港口、码头等基本建设领域的业务，能够提供建设"纵向一体化的"全程服务。此外，中国中铁还在勘察设计与咨询、工业设备和零部件制造、房地产开发、矿产资源开发、高速公路运营、金融等方面积极开拓业务。

中国中铁已经连续13年进入世界500强。由中国中铁参与建设的铁路占中国铁路总里程的2/3以上，建设的电气化铁路占中国电气化铁路的90%，建设的城市轨道工程占中国城市轨道工程的3/5。企业成立以来，先后修建了武汉长江大桥、南京长江大桥、东海大桥、杭州湾跨海大桥等9000多座大桥，总长达9297千米；建成秦岭隧道、太行山隧道、厦门翔安海底隧道、武汉长江隧道等，共计6886千米。值得一提的是，中国中铁的建设者八次远征南极，承担了中国中山站、长城站、昆仑站的建设和维护任务。

中国中铁积极拓展国际业务。从20世纪建设坦赞铁路开始，几十年间先后在亚洲、非洲、欧洲、南美洲和大洋洲等多个国家建设了一系列精品工程。目前，中国中铁在全球90余个国家和地区设有机构和实施项目。

中国中铁拥有46家二级公司，其中特大型施工企业16家，大型工业制造和科研开发企业3家。企业拥有"高速铁路建造技术国家工程试验室""盾构

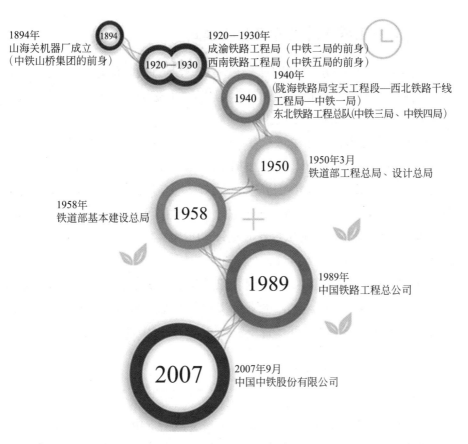

1894年
山海关机器厂成立
(中铁山桥集团的前身)

1920—1930年
成渝铁路工程局（中铁二局的前身）
西南铁路工程局（中铁五局的前身）

1940年
(陇海铁路局宝天工程段—西北铁路干线
工程局—中铁一局）
东北铁路工程总队(中铁三局、中铁四局)

1950年3月
铁道部工程总局、设计总局

1958年
铁道部基本建设总局

1989年
中国铁路工程总公司

2007年9月
中国中铁股份有限公司

图 21　中国中铁发展历程图

图片来源:中国中铁官网

及掘进技术国家重点试验室"、4 个博士后工作站、14 家经过国家实验室认可委员会认可的检测实验中心,拥有国家认定的技术中心 2 个,省部认定的技术中心 17 个,专业研发中心 6 个。

经过多年的壮大发展,至 2017 年底中国中铁拥有员工 28.3 万人。其中,研究生及以上学历 6249 人、本科学历 92 672 人、专科学历 59 886 人,大专及以上学历占员工总数的 56.1%。专业技术人才 152 432 人,占员工总数的53.9%。其中,高级职称 18 762 人(含教授级高级工程师 1363 人)、中级职称52 954 人、初级职称 80 716 人,分别占专业技术人才的 12.3%、34.7%、53%。高技能人才 52 044 人,占工人总数的 48.4%。其中,技师 10 784 人、高级技师4886 人。

二、海外工程人才培养经验与模式

在全球化发展的历史背景下,中国中铁积极推进国际化运营,"十二五"期间海外签约 400 多亿美元,实现国际业务收入 230 亿美元。2016 年,公司新签合同金额 154 亿美元,收入 54 亿美元。

中国中铁在最初签约的 65 个"一带一路"沿线国家中的 32 个国家有工程项目,在建工程达到 117 个,涉及合同金额 132 亿美元。中国中铁建设了亚万高铁、中老铁路、德伊铁路等在建重大境外项目,亚吉铁路等已经完工即将运营的项目,中泰铁路、匈塞铁路、马新高铁、中缅铁路等正在重点跟踪运作的项目。2017 年,在美国权威的工程新闻纪录 NER 排名中,全球国际业务中国中铁位列第二位,世界财富 500 强位列第五十五。

中国中铁技术技能型人才、工程管理型人才储备较为充足,对科技人才的需求不如其他企业迫切。但是,企业的工程商务型人才和公共关系型人才需求相对紧缺,迫切需要培养起一批中坚力量助力企业海外业务的迅速拓展。

(一) 人才培养特色

中国中铁的人才培养特色主要体现在其人才培养战略方面。中国中铁海外业务的迅速发展,离不开强有力的人才培养战略。中国中铁根据企业总体发展需要,提出打造"八支人才队伍",构建"八大保障机制"的人才发展规划,并确定了人才队伍建设总体目标。

中国中铁人才队伍建设的总体目标是,以人才培养体制机制改革和制度创新为突破口,以八支人才队伍建设为重点,以构建八大机制为保障,持续强化各类人才选拔、培养、开发工作力度,通过五年的努力,培养和打造一支更加符合股份公司发展战略需要,规模适度、结构合理、素质优良、梯次衔接的人才队伍,全面提升人才竞争优势,为实现"做强·做优·做大"的企业发展战略目标奠定坚实的人才基础。

(二) 人才培养方法

1. 当地人才:留华学生人才培养

中国中铁在中国国内院校招聘从项目地来中国留学的毕业生,通过留华学生对中国的感情,利用其语言优势,积极发展留华学生在项目地的沟通能力以及社交能力,帮助企业发展海外业务以及搭建人文交流平台。这类留华学生通常在技术技能等方面达不到公司的招聘标准,难以作为技术技能型人才及工程管理型人才使用,但是可作为工程商务型人才及公共关系型人才进行培养。经过一段时间的推广,该方法在中国中铁内部取得了不错的效果。

2. 外派人才:海内外联合培养

外派人才通常为中国中铁的技术管理方面的骨干力量,其专业能力相对突出,但是商务谈判、公共关系等能力相对薄弱。根据外派人员的不同特点,中国中铁挖掘外派国家的需求,在其出国前首先完成具有针对性的岗前培训。在外派人员进入驻外机构后,再由驻外机构完成本地化的全方位培训,培训内容包括各种宗教信仰、文化习俗、当地惯例、市场特点以及风险防范等。

3. 海外年轻骨干短期研修

中国中铁定期为海外员工举办多种形式的业务学习和培训,倡导海外人才进修深造和回国能力更新,为其提升业务技能创造良好条件。

例一:年轻海外骨干脱产培训班

中国中铁倡导海外人才进修深造,每年选择 1~2 批有潜力的年轻海外业务骨干与高校合作,脱产在高校进行为期一年的海外业务强化培训。截至2017 年底访问时,中国中铁已组织了 3 期海外年轻骨干的脱产培训班,培训近200 人。

例二:年轻海外骨干高级研修班

中国中铁倡导海外人才定期回国进行能力更新,每年还组织 2 批有潜力的年轻海外业务骨干在北京参加本公司为期一个月的海外骨干人才高级研修班。截至 2018 年,中国中铁已组织了 6 期高级研修班,培训 300 余人。

4. 与相关企业联合开展培训工作

中国中铁倡导海外人才当地外部培训。与相关企业联合开展培训工作是中国中铁根据自身需求在实践中探索出来的培训方式,主要分为两种:联合项目地公司进行人才培训和联合欧美公司进行人才培训。项目地公司在运营、社会关系、政治理念等方面与中国中铁驻外机构相比优势明显,联合培训可以使中国中铁取长补短,提高企业海外人员培训效果。欧美公司在技术标准、专业技术、语言等方面则更具优势,联合培训将有效提升公司海外人员的专业水平。

(三) 人才培养模式

中国中铁大力推行人才强企战略,把人才资源当作公司的第一资源,做到人才资源优先开发、人才结构优先调整、人才投入优先保证、人才制度有限创新。经过多年的研究和发展,中国中铁已经形成了一套行之有效的海外人才培养计划,实施"3+1"国际化人才培养模式和"干中学,学中干"人才培养模式。

1. "依托院校—依托项目—校企合作"+"订单式"培养模式——"3+1"国际化人才培养模式

为助力国家"一带一路"倡议,积极开拓海外市场,扩大在海外工程竞争中的人才优势,中国中铁针对人才培养,依托院校,依托项目,积极展开校企合作。截至目前,中国中铁已与中南大学、西南交通大学、石家庄铁道大学、华东交通大学、大连交通大学、兰州交通大学和重庆交通大学等多所交通铁道院校建立战略合作关系,创新出适应国际化又适合中国中铁发展的"3+1"国际化人才培养模式。该模式也是"依托院校—依托项目—校企合作"与"订单式"培养模式相结合的一种体现。中国中铁凭借"3+1"模式,力争通过三到五年的时间培养一支具备国际视野,熟悉国际工程业务知识,适应国内、国外市场发展需要的高端复合型人才。

例:中国中铁国际班

"3+1"国际化人才培养模式,即中国中铁联合高校开展的订单式国际化后备人才培养项目(中国中铁国际班)。为保证中国中铁"3+1"模式顺利推进,入学前公司和国际班的每位学生签订就业合同。前三学年,学生在学校按照既定的教学大纲完成学习。第四学年,学校根据企业需求单独设置课程,即订单式课程。经过四年的学习后,学生将直接派遣到中国中铁海外项目。

学生在学校的培养费用由中国中铁统一承担,国际班为小班授课,每班30人。第四学年,学生需要修习的学分高于前三学年,课程压力随之加大,中国中铁专门为国际班学生配置不少于80个学时的课程,由具有多年海外实际工作经验的专家师资进行授课。授课内容由中国中铁以订单式进行定制,课程多为商务英语、合同谈判、法律、融资等实用课程。课程学习结束后,公司统一安排学员到中国中铁重点项目进行实习。

"3+1"模式在增强学生的国际工程理论知识和实践技能方面具有显著效果。项目实施三年多,取得了较好的成绩,培养了一批适合中国中铁海外拓展的人才。

2."依托项目"+"员工传帮带"培养模式——"干中学,学中干"培养模式

"干中学,学中干"是中国中铁在不断学习和实践过程中探索出来的适应各岗位人员培养的新模式。企业提倡后备人才"走出去"到海外,依托项目、依托传帮带,进行实地学习。中国中铁对海外项目的管理团队采取超配人员的方式,使外派新员工在"干中学,学中干",推进海外人才的迅速成长。

例:中国中铁管理团队超配员工加速裂变

中国中铁依托项目对管理团队采取超配方式,加强员工的传帮带作用。中国中铁的某海外执行项目正常需要配备35个人的管理团队,企业对该项目超配10名实习人员,使管理团队达到45人。在一年内,实习人员服务于各个岗位,同时在各个岗位得到老员工的悉心指导,能力得到全方位的提升,跟随项目一起成长。第二年,公司将抽调一部分实习人员到新项目中承担相关工作,实习人员将在新岗位上继续孵化和蜕变,逐渐成长为积极推动公司发展的中坚力量。

三、海外人才培养建议

(一) 建议政府引导校企联合,优化学科设置建立实践基地

建议政府相关部门能高屋建瓴地积极引导和支持校企不断创新人才培养模式,整合资源,充分发挥各自的优势,共同打造实践教学基地,研究并落实海外专业人才的课程体系。目前,我国的大学学科与发达国家相比略显落后,希望国内院校不断优化、创新大学学科建设体系,增加符合社会需求的学科,培

养适应社会和企业的专业人才。校企联合可以更大限度地提高学生培养质量。希望院校积极对接重要对口企业，以达到学校和企业的资源与信息共享的双赢模式，最终建立校内与校外相结合、理论与实务相结合、虚拟与现实现结合、实践与创新相结合的实践教学基地。

（二）建议建立海外人力资源管理制度，完善人才培养机制

建议企业加大海外人才引进的力度，不断完善人才培养机制，规范人力资源管理制度，加强企业内部人才培养建设。希望企业针对海外人才，包括海外留学生、外籍人士等建立专业的人力资源管理制度，以吸引更多人才投入各国的建设中。

（三）建议国家为主体搭建交流平台，打通信息交流渠道

项目运行初期，由于外派员工培训不完善，对人员的培训难以做到全方位、多角度，员工无法全面了解当地的宗教信仰、政治理念等。这就需要企业跟当地社区频繁沟通，组织集体参与的文体活动，打通外派员工和本地人民的沟通渠道，以便顺利推进工作。此类活动既有助于语言的学习、情感的交流，还有助于思想的交流和对工作的理解，增强双方之间的认同感。希望中国驻各国的使领馆、经商处和中资企业商会积极搭建更加便捷畅通的交流平台，促进人文交流，以推进工作顺利开展。

例：国家层面交流平台——金砖国家理事会

在金砖国家理事会中，中国中铁担任基础建设小组的组长，会议全英文交流，每年召开一次。前期的会议分为电话会议和视频会议，会议上各国积极分享项目信息、融资模式、项目合作等。这些交流沟通活动都通过国家层面的交流平台完成，对国家和企业的发展非常有帮助。南非高速铁路项目、俄罗斯的高铁、巴西的高铁多年难以启动，通过平台沟通，项目得以推动。

（四）建议规范海外项目管理制度，国家推动舆论正面导向

由于驻外人员素质参差不齐，在工作和生活中，可能由于某些行为对企业和国家造成负面影响。这就需要企业建立规范的海外项目管理制度，特别是要加强对驻外中方人员的管理，避免中方员工和外籍员工的摩擦。

　　企业外派员工在海外代表公司形象,也代表国家形象。同一企业员工由于不同的宗教信仰、不同的社会制度、不同的文化底蕴,在工作和生活中难免出现摩擦。此时,经常有不负责任的媒体将小事放大,为了获得自己的利益,将事件升级到国家层面,肆意诋毁我国国家战略和倡议,进而影响到公司的正常工作和发展。因此,建议国家推动舆论正面导向,以保证国家的战略顺利推行和企业在海外的健康发展。

(案例整理:李晶晶)

案例五 中国土木工程集团有限公司

一、基本情况

中国土木工程集团有限公司（以下简称"中土集团"）1979年由国务院批准成立，前身为铁道部援外办公室，是中国最早进入国际市场的四家外经企业之一。2003年，中土集团与中国铁道建筑总公司实施战略重组，整体并入中国铁道建筑总公司，成为中国铁建的海外龙头企业。

经过多年的发展壮大，中土集团已经成为拥有中国铁路工程施工总承包特级资质的大型国有企业，入选全球最大250家国际承包商百强之列。集团涉及的业务领域涵盖工程承包、设计咨询、园区开发建设及运营、房地产开发及物业管理、投资、铁路运营、物流、工业矿业、进出口贸易、酒店旅游等，经营范围遍及亚洲、欧洲、非洲、美洲、大洋洲，在多个国家设有常驻机构和项目部。

中土集团成立几十年以来，先后承担实施了援外项目坦赞铁路、尼日利亚铁路、博茨瓦纳铁路的修复改造，吉布提工商学校、卢旺达国家体育场、阿联酋城市立交桥、澳门西湾大桥、澳门边检大楼建设等代表工程。大量的海外建设工程，充分彰显了中土集团强大的技术优势和人力资源。

中土集团秉承"以人为本、科学发展"的理念，与海外各行业企业积极合作，取得共赢，在巩固壮大承包工程市场的基础上，着力向经营多元化、专业特色化发展，投融资能力稳步增强，经营领域不断拓宽。

在人才储备建设方面，中土集团正在积极落实中国铁建的"大海外"战略及中土集团"1+N"战略，全力推动企业转型发展。中土集团坚持"海外优先"战略定位，对标世界一流，梳理"五个大"，打造"五个能力"，抓住"五大机会"，集中优质资源，联手兄弟单位做大海外市场规模，实现中国铁建整体利益的最大化。

为了更好地响应国家"一带一路"倡议，加大沿线国家的人才培养力度，中土集团与擅长公路建设的长安大学签署《尼日利亚交通部公派赴华留学生培养协议》。长安大学有丰富的培养非洲学生学历教育的经验,极为重视中非教育合作。协议签订后,长安大学将按照尼日利亚交通部和中土集团的要求,培养一批熟悉中国技术标准、中国基建和交通运营管理理念的人才,助力"一带一路"人才保障机制建设。

二、海外工程人才培养经验与模式

20 世纪 60 年代,坦赞铁路协议签署。从坦赞铁路实施建设以来 50 余年间,中土集团不忘初心,始终以担当中国铁路"走出去"的先锋队为己任。21 世纪以来,集团海外业务不断扩张,在铁路、公路、桥梁、房建等方面发展迅速。中土集团积极助力国家"一带一路"战略发展,相继建设了中国海外首条高铁——土耳其安伊高铁,中国在海外首条中国标准铁路——尼日利亚阿卡铁路。

中土集团制订了海外领军人才队伍和外经专门人才队伍培养计划。其中,领军人才 50 人,外经专门人才 200 人。海外领军人物为集团副总级,主要负责海外区域市场的指挥,具有面向全球的资源整合和调动能力,外语沟通能力为母语级。外经专门人才,目标是培养一批具有工匠精神的岗位能手,需要具备通识性的项目管理知识。项目经理,除了要具备基本的素质和专业背景外,还要进行项目经理任职培训。中高层的业务骨干,做好 N 板块业务培训,包括国际商务、投融资、海外税务等领域的支持培训,帮助提升视野,扩大格局。

(一) 基于"1+N"战略的人才培养特色

中土集团"1+N"发展战略,是指"以承包工程为主业,以股权投资、铁路运营管理、工业园投资开发与运营、商贸物流、矿产资源开发、土地整理改造、房地产开发等领域为补充"的"1+N"多元化经营格局。

1. "1+N"战略人才培养特色

中土集团"1+N"多元化发展战略的实施,不仅要求加快中土集团引进多领域的高端人才,也要求集团现有的工程管理和技术人才适应企业转型升级的需要,转型成为具有"1+N"特点的复合型人才。目前,集团正在进行工程管理人才和技术人才转型方面的培训。

"1+N"战略人才的特色是：一要具有战略性眼光，全局意识较强，工作中既有开阔的思路和开拓精神，又能够捕捉商机引领组织发展；二要一专多能，既懂得国际工程实施，又具备良好的外语社交能力，要对 N 版块业务知识有所涉猎；三要具有整合资源的能力，懂得最大限度地调动外部专家资源，用好合作团队和当地资源。

2. "1+N"战略人才选拔经验

中土集团为了进一步做大做强海外业务，按照集团"十三五"战略引导，全力推进"1+N"战略，满足集团人才发展需要，国际人才培养方法主要有如下五种。

多领域充实驻外机构人才。大力补充和储备集团各驻外机构的人才，多途径、多渠道在全球范围内选拔和招聘各领域优秀人才。

注重发现和引入国际化人才。聘请国际高端人才进入驻外机构或者项目部领导班子中，不断提高外籍中高级管理人员在驻外机构中的比例，打造国际化管理团队。

择优选拔各国在华留学生。2017 年招聘季开始，中土集团将招聘非洲在华留学生纳入工作计划，集团会同驻外机构择优选拔国外特别是非洲留学生到中土集团驻外机构就业。

参加留学生协会活动，扩展招聘渠道。中土集团积极参加全国对外友协、对外承包商会和对外经贸大学等组织的非洲在华留学生就业交流会，收到了较好的效果。

通过留学生处理社群关系。由于思维和文化上的差异，中土集团海外部门与业主监理交流时时常出现问题，通过留学生在海外的市场处理，使问题变得简单，也更容易解决。同时，管理当地员工的时候也会通过当地的管理人员。

（二）"亚吉"模式人才培养特色

海外工程项目的急速推进使中土集团的"亚吉模式"得以推广。"亚吉"模式是由亚吉铁路引出的经济发展模式，是以建设铁路带动经济发展为特点的模式，帮助中土集团由单纯的承包商逐步向境外投资商、运营商和开发商转变。

1. 以铁路为依托,带动"经济带"建设

亚吉铁路链接了埃塞俄比亚和吉布提两个国家,被誉为"新时期的坦赞铁路",对于中土集团的意义重大。2016 年,中土集团亚吉铁路正式开通,是海外第一个全产业链"中国化"的跨国电气化铁路,也是中国元素最多的海外铁路,开启了一条铁路带动一条经济带的"亚吉"模式。"亚吉"模式的含义有两层:通过中国标准实施的项目,把投融资、建设、装备、运营在内的全产业链带出去;通过项目带动沿线经济发展,建设沿线经济带,实现国际产能合作。与此同时,"亚吉"模式的推广,也给中土集团人才培养指明了方向。

2. 助力"一带一路"国家发展,寻找多点切入

亚吉铁路不仅为中国及中土集团带来了积极的影响和经济效益,也为埃塞俄比亚政府带来新的项目契机,为中国外派人员的培养工作增添了新的挑战。埃塞俄比亚政府希望借此成为"非洲的制造业中心",中土集团积极响应,推动并承建了 4 个工业园区,并运营管理其中的阿瓦萨工业园区,同时并致力于推动房地产项目。园区及房地产项目的建设运营需要中土集团大量的外派人员以及招聘的本地人员作为支撑。

3. "亚吉"模式人才培养特色

中国的"一带一路"建设,为企业提供了更为明确的发展方向。中土集团在助力"一带一路"战略发展的同时独创出"亚吉"模式,以一条铁路为切入点积极带动沿线国家经济发展,为中国企业参与"一带一路"建设,推动国际产能合作提供了有益的参考。"亚吉"模式的创立,也促使企业急需培养一批具有全球视野、专业素质、创新能力的复合型人才。

目前,"亚吉"模式尚处于起步阶段,要取得重大成功并得到有效的推广和复制到其他国家,还需要一定规模的国际化人才队伍做支撑。2018 年中土集团招聘公告显示出集团对国际化复合型人才的需求。集团招聘涉及土建类、工程类等工程管理型人才,外语类、法律类等公共关系型人才,管理科学与工程类、金融及经济类、财会类等工程商务型人才,机械类、材料类等技术技能型人才。

（三）人才培养模式——多种模式并行

1. 中土集团"依托院校—依托项目—校企合作"模式

例一:联合院校开展研究、培训、参观交流等工作

中土集团注重与国内外的院校合作。集团与清华大学研究生院合作,接收清华博士生到埃塞俄比亚实习,并合作完成与"一带一路"相关的多个研究课题。中土集团委托石家庄铁道大学举办国际工程报价培训班,对集团报价从业人员进行培训,取得良好反响。集团与本地院校合作,埃塞俄比亚的公司邀请本地的东非大学等院校到亚吉铁路项目参观交流,探讨铁路建设方面的技术等问题。

例二:联合国内高校,定期举行外派人员封闭培训

中土集团定期安排外派人员回国参加培训,更新知识。集团定期举行集中强化高级培训班。例如,委托北京外国语大学进行封闭授课和学习,每期80天,课程涉及工程管理、商务、高级口语、西方文化、英文演讲等课程,同时安排宗教文化、国情概况、外交礼仪等讲座,提高员工的综合素质,取得较好效果。

2. 中土集团"请进来—走出去"培养模式

请进来:中土集团选派海外员工来国内参观考察

集团定期选派海外员工来中国进行培训。中土埃塞公司与国内昆山市开发区联合,分批次安排埃塞俄比亚当地园区的管理人员赴昆山进行专业培训。培训期间除安排学员学习园区的管理知识外,还组织他们参观昆山园区了解发展历程。参与昆山培训的外籍学员表示,埃塞俄比亚工业虽然刚起步,与三十年前的昆山差不多,但是他们对埃塞俄比亚工业发展和园区发展抱有极大信心。此外,集团还陆续选派当地外籍优秀员工到中国参加由国家部委,主要是商务部组织的各类援外培训班,培训内容涉及财务管理、商贸管理、商业文化融合及民族文化融合。

走出去:中土集团组织管理人员到项目地出国培训

中土集团定期组织国内人员到国外项目地进行集体培训。2017年集团曾组织项目经理培训班人员远赴尼日利亚项目进行学习,培训80余人,历时8天,涉及生产经营、商务运作、项目管理、财务管理、业务技能等多门课程。

3. 利用"中土大讲堂"进行大规模岗位培训

中土集团积极利用内部培训资源做好内部经验共享。中土集团定期举办项目经理培训班,利用"中土大讲堂",聘请多位工程实施领域和 N 版块业务领域的中国和外籍专家为培训班学员及员工授课,内容涉及当地法律、商贸物流、石油资源开发等领域,成为员工学习"1+N"领域前沿知识的重要平台。

三、海外人才培养展望及建议

(一)加强多方向专业人才培养,建立高质量人才队伍

希望院校加强国际化工程管理、运营管理、国际贸易和金融研究等方向人才的培养,设立完整的课程体系,优化师资队伍,培养出更多功底扎实、有创新能力、精通实战的专业型人才。

目前,中国企业在自贸区、工业园区、产业园区的建设方面经验充足。但是,在自贸区、园区的运营、管理等方面经验尚浅。希望科研单位加强对自贸区、工业园区等方向的研究,重点培养相关专业的复合型人才,为中国企业参与"一带一路"建设提供智库支持。

(二)加强政校企三方培训合作,推进人才培训基地落地

希望院校为境外项目管理人员提供工程管理与技术、海外投资管理和外语等课程的培训。希望院校的培训资源走出去,到海外办学,到项目地为外派员工和本地员工提供培训。

希望政府和企业共同出资在项目地建立人才培训基地。为项目所在地的员工(尤其是本地员工)提供培训,丰富培训项目和类别,增强本地员工对中国的认同感。

(案例整理:李晶晶)

案例六　中国石油集团经济技术研究院

一、基本情况

中国石油集团经济技术研究院（以下简称"中石油"或"研究院"）是中国石油集团直属科研机构，主要从事石油工业发展、石油科技、石油经济、石油市场、海外投资环境、政策法规等方面的趋势分析与策略研究，提供广泛的能源信息咨询服务。1964 年，中国石油工业部科技情报研究所成立，该所是中石油经济技术研究院的前身。经过四十多年的发展，研究院由单一的科技情报业务发展为集信息咨询与发展战略研究于一体的综合性战略业务单元。其主要业务包括发展战略研究、市场研究、海外投资环境研究、石油科技研究、信息资源开发、知识产权、传媒设计、期刊编辑与发行等。

研究院在技术研究以及战略研究方面成果颇丰，为我国石油石化工业和能源工业发展做出了积极贡献。研究院也是集团公司综合信息开发和发展战略研究的重要决策支持机构，是我国能源产业发展的智库之一。在长期发展过程，研究院培养了一批高素质的从事科研的工程人才，为中国油气事业发展做出了突出贡献。目前，研究院主要由机关管理部门、业务部门、经营公司三大部分构成（见图 22）。面对 21 世纪的新形势、新要求，研究院处在一个新的历史发展阶段。在"一带一路"倡议下，研究院积极发挥智库作用，推动"一带一路"沿线国家能源合作。

中石油是开展"一带一路"海外业务最早的一批企业之一，由于行业性质不同，目前中石油海外业务跟其他行业不同。中石油主营业务是油气的生产、勘探、开发、量化、销售。涉及工程技术、工程建设、装备制造这一类的业务属于辅助业务或者是服务业务，在集团内部叫作乙方。中石油是世界上唯一一家集油气生产和服务于甲乙方一体化的企业，乙方产业在发展过程中，特别是走出国门主要是靠甲方带动。上游获得某个国家的区块作用权，通过甲乙方综合优势进行项目开发。截至 2016 年年底，中石油在全球 35 个国家运营管理了 91 个油气项目，在中亚、中东、亚太等"一带一路"地区 25 个国家运作 51

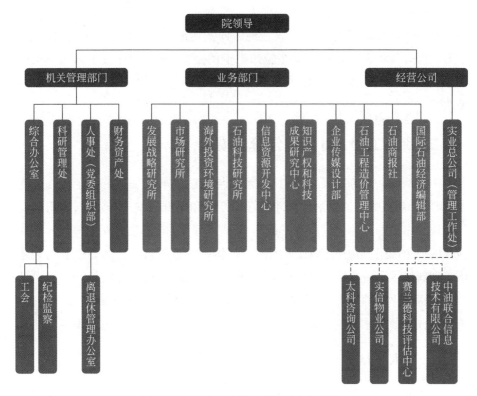

图 22 中石油经济技术研究院组织结构

图片来源:中石油经济技术研究院官网

个油气项目,已经取得规模发展。

中石油形成了四大油气战略通道,西北、东北、西南、东部,实现了我国油气供应的多元化,有效保障了国家的能源安全,已成为国家"一带一路"战略的重要组成部分,凸显出中石油为国家能源安全贡献重要的力量。经过二十多年的发展,截至 2016 年,中石油国际业务规模发展水平在央企中居领先的地位,累计投入近 1100 亿美元,累计回收超过了 800 亿美元,海外油气业务的净资产达到了 700 亿美元。通过投资带动等方式涵盖工程服务队伍数量达到了 1274 支,累计实现了 1000 亿美元的工程服务和装备出口合同额。国际业务中中外方人员总数接近 12 万,本地化的比例高达 84%。

中石油海外业务从 1993 年的初次跨国经营,至今经历了二十多年的发展历程。从无到有,从小到大,由弱变强,中石油海外业务发展的历程也是工程科技人才培养创新的过程。由于"一带一路"战略涉及多个国家,中石油海外项目也面临着复杂环境。海外工程人才培养也经历了一定时期的摸索与发展。在海外项目从无到有、由不发达地区向发达地区不断拓展业务的过程中，中石油海外工程人才培养克服经验知识少的困难，通过海外较小区块小项目练手，逐步摸索，积累了一定的工程人才培养经验和探索出一套人才管理模式。

二、海外工程人才培养经验与模式

中石油海外业务发展至今，特别是在与发达国家或是先进油企合作过程中，积累了众多中石油国家化人才的管理经验和典型案例。可以说，中石油海外板块是中石油国际化经营水平最高、管理水平最高，也是海外工程人才培养最强的一个部门。2016 年来，集团的管理体制改革创新也为海外业务的人才培养创新提供了一个机遇，建立了海外板块中石油的特区形式，给予体制设计和运营机制更多的管理权，形成了从人才选拔、培养、提升到教育培训、考核评价相对成熟的人才管理系统，这一系列流程可以与国际大石油公司媲美。

（一）人才培养类型

从人才培养类型看，中石油海外工程人才可分为两大类，一是基础性岗位人才，二是高级人才。受限于海外项目当地政府的政策因素等，海外项目需要解决部分当地就业人口，这一比例往往较高。因此，在海外项目中尽量满足当地人员就业，这部分岗位基本为普通技术岗位或企业基础性岗位，不涉及复杂能力要求，不参与项目决策。高级人才主要包括高级技术专业人才和中高层管理人员等，这部分人员则由集团内部选派。

（二）人才培养经验

1. 人才选聘

海外工程人才培养的第一步是员工选聘，在海外人才培养类型的基础上，中石油早期采取"4+2"的人才引进模式。"4"主要是指中方员工四类，占海外项目公司总人数的 10%，90% 员工为当地人。这一比例符合当地政府本地化的要求，他们规定 90% 甚至 95% 以上必须雇用当地的人员。中方核心的高层管理人员，主要是通过内部系统选拔或借聘进行。中石油海外业务扩展迅速的重要原因之一,就是得益于国内强大的油田公司、炼厂和销售企业专业化的高级人才选拔。通过选拔系统内借聘,将具备良好专业技术知识和良好外语水平的高级人才引入海外项目公司。目前,所有海外项目中高层的中方员工都能实现英语无翻译情况下交流,独立与当地谈判和与社会组织顺利沟通(见图23)。

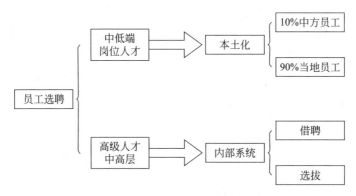

图 23　中石油海外项目人员选拔示意图

另一种国际雇员主要是招聘行业内顶级的高精尖端的技术型或高级管理型人才,这类人才是国际化的管理,包括规范管理、高层次引进的薪酬,都是与国际油公司标准接轨。在文化和管理的融合上,国际化的高薪人才显示了应有的作用。

2. 员工培养与轮换

海外工程人才培养经历了经验总结到推广应用的过程。首先确定海外工程人才的项目资质、技能与要求的统一标准。在员工培训部分,包括手机移动端的企业管理内控制度的培训应用。具体内控管理规定了相应的工程技术、工程建设、装备制造和专业技术人员的资质、资格、能力的培训,并且所有海外项目内控检察过程中都是文字化的。基于海外项目内控检查过程,可以对比较好的项目进行经验总结,进而推广和应用到所有海外项目。这样能使整个海外项目的资质、技能和要求都达到统一的标准。

同时中石油在人才等级和晋升奖励方向国际大石油公司靠拢,员工晋级分为 M 系列和 T 系列两大类。海外项目的员工要形成有效的轮换,才能保证项目人才应用的灵活性和一定的生命力。一般来说,海外项目员工在同一项目的工作时间为 3~5 年,但是由于海外项目初期覆盖广泛,新员工数量较多,不同项目之间,甚至大部分海外人员轮回国内机构没有相应的职位和岗位为其提供,存在着大量轮换的困难。为解决这一问题,中石油在吸收国际上大石油公司人员轮换的经验基础上,结合自身特点,不仅实现海外高级技术人员在不同项目之间的有效轮换,同时实现海外和国内项目之间的有效轮换。同时建立企业内部人才池,如果存在富余人员暂时没有安置的情况,则将富余人员放在人员备用池里。通过再培训和国内再招聘,让备用池里的人员能有效地利用起来或者流动起来。这样一方面可以解决目前海外项目人员急需的待遇或者是职业发展问题,另一方面可以减轻企业负担,企业不再过多承担成本问题。中石油海外项目人才培养方式如图 24 所示。

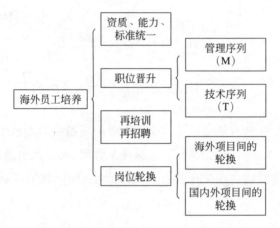

图 24　中石油海外项目人才培养方式

(三) 人才培养模式

1. 共享人力资源管理平台,建立人才信息库

关于当地化国际雇员的使用,中石油注重选拔优秀的资源国本土雇员,特别是把成熟项目的一部分中方低端岗位进行本土化。海外项目当地化和本土化,资源国要求必须达到一定的比例,中石油海外项目达到了 86% 以上,有的项目甚至达到了 97%。中低端人员都是进行海外本土化的雇用,在雇用过程中也是选取优秀的员工接替。近两年中石油借鉴国际大石油公司的人员管理经验,在人员共享平台管理建设方面取得一定的进步。低油价和降本增效对

于公司来说是当前首要的任务,在这背景下,企业不可能过多地雇用大量的员工。通过海外共享平台和人力资源共享平台的建设,可以有效实现人员的优化。将人员的招聘流程、薪酬发放、培训和基本的人力资源管理模块放到一个平台上,人力成本上可以极大地节约。

2. 多样化的员工培训方式,实现知识与能力的再更新

中石油在海外工程人才选拔时建立了严密流程,在人才培训方面引进了先进的理念——以人为本。用适合的方式差异化对待每一个员工的培训发展,即个性化定制培训特别是海外板块公司的员工培训。由于海外板块项目的复杂多样,遍布东亚、东南亚、西亚等多个国家,以及海外人员轮休回来的时间不统一,传统的员工培训方式已不能适应当前海外员工发展的需要。中石油利用现代化信息的技术开发出一套适应海外员工的培训方式。即采取网络化培训,特别是手机 APP 的培训。移动端培训一方面是公司适应手机智能化的趋势,另一方面移动端培训有着传统培训方式不可比拟的优势,它不受时间地点的限制。即使在不同的地点也能保证每一位海外员工在当年培训的分值。每年员工培训采用积分制方式,员工必须拿到一定积分才准予合格。若未拿到这一积分则要进行有效的补考或者其他方面的补救。手机 APP 培训结合了中石油自身的特点,在人员培训和教育方面做得比较先进。例如海外项目人事管理新规章制度的解读、新企业管理内控制度、特定项目的管理要求等都通过企业手机 APP 课程教育方式,让每一位海外员工有选择性地获得培训。根据员工实际的需求选择相应的课程来获得当年的培训积分。

三、海外人才培养展望及建议

(一) 加强海内外文化交流,助力海外项目推进

针对海外项目推进过程中出现的因文化差异而造成的摩擦,加强海内外文化交流十分必要。一是在未外派前对国内员工进行相应的培训,包括目的地国的风俗习惯、生活习性、法律法规等针对性知识的普及。二是在海外加强双方的交流,不限于人文关怀、节日活动,也应加强技术、管理知识方面的交流,推进项目合作。

（二）创新高级人才管理模式,推动国际人才正常流动

骨干流失,是国企海外项目面临的重要问题。高级人才在海外项目建设中发挥着重要作用,企业需要创新高级人才的管理模式。一是进行项目间岗位轮换,更新项目环境。二是创新激励方式,设计针对高级人才的薪酬福利体系,从不同角度加强人才工作成就动机。三是积极引进国外高级人才,积极探索高级人才的国际化管理模式。

（三）加强校企合作,培养复合型人才

"一带一路"工程人才培养,更大比例属于应用型人才,且复合型人才是当前海外项目急缺的人才。包括商务—技术复合型、商务—法律复合型、技术—语言复合型等,不同类型的人才类型对应着不同的优势院校。因此复合型人才的培养,要加强校企合作,针对性地培养企业所需要的复合型人才,更加具有实效性。

（案例整理:贾美娇）

案例七　中国银联

一、基本情况

中国银联成立于 2002 年 3 月,是经国务院同意,中国人民银行批准设立的中国银行卡联合组织。作为中国的银行卡联合组织,中国银联处于我国银行卡产业的核心和枢纽地位,通过银联跨行交易清算系统,实现商业银行卡系统间的互联互通和资源共享,保证银行卡跨行、跨地区和跨境的使用,对我国银行卡产业发展发挥着基础性作用。在建设和运营银联跨行交易清算系统、实现银行卡联网通用的基础上,中国银联积极联合商业银行等产业各方推广统一的银联卡标准规范,创建银行卡自主品牌;推动银行卡的发展和应用;维护银行卡受理市场秩序,防范银行卡风险。到 2017 年底,银联网络已遍布中国城乡,并已延伸至亚洲、欧洲、美洲、大洋洲、非洲等境外 170 个国家和地区。

中国银联的成立标志着"规则联合制定、业务联合推广、市场联合拓展、秩序联合规范、风险联合防范"的产业发展新体制正式形成,标志着我国银行卡产业开始向集约化、规模化发展,进入了全面、快速发展的新阶段。自成立以来,中国银联积极顺应国家社会经济发展和人民群众用卡需要,牢记产业使命,履行社会责任,充分发挥银行卡组织的职能作用,积极携手商业银行和专业机构等银行卡产业相关各方,探索出一条中国特色的银行卡产业发展之路,有力维护了国家经济、金融安全,推动我国银行卡产业实现了超常规、跨越式发展,使中国快速发展成为全球银行卡产业发展最快、最具潜力的国家之一。在中国银联与各家商业银行的共同努力下,我国银行卡的联网通用不断深化,银联网络不仅在东部和大众城市日益普及,更进一步加速向中西部地区、中小城市和广大农村地区延伸。自 2002 年成立伊始,中国银联通过三步走的方法,推动银行卡联网通用在全国的实现。第一步,同城联网通用。通过城市银行卡信息中心,实现银行卡在中心城市的同城通用。第二步,重点城市联网通用。按照国家提出的联网通用"314"目标(即在全国 300 个以上地市级城市实现各商业银行系统内银行卡的联网运行和跨地区使用,在 100 个以上城市实现各类银行卡的跨行通用,在 40 个以上城市推广普及全国统一的银联卡),实现银行卡在重点城市的跨银行、跨地区通用。第三步,全国联网通用。在重点城市联网通用的基础上,逐步把网络覆盖到全国地市以上城市和发达地区县级城市,并通过农民工银行卡特色服务,把联网通用扩大到农村地区。

中国银联已经建成了具有自主知识产权、全国统一的银行卡跨行交易清算系统。与商业银行协同,初步建立了符合国际通用要求的银行卡标准规范体系,并在银联卡上集中应用这些标准规范。银联卡在我国港澳地区以及新加坡等国,已经成为境内持卡人境外用卡的首选品牌。与此同时,为满足中国人日益增长的境外商务、旅游、学习的用卡需要,以及把境内商业银行的服务通过银联网络延伸到境外,中国银联积极展开国际受理网络建设,积极推动境外发银联卡,为境外人士到中国工作、旅游、学习提供支付便利。银联卡不仅得到了中国持卡人的认可,而且得到了越来越多国家和地区持卡人的认可。

为顺应我国经济社会发展需要,履行国家赋予的产业使命和社会责任,中国银联积极联合商业银行建设中国银行卡自主品牌——银联卡。2003 年 8 月,中国银联正式推出了具有自主知识产权,符合同一业务规范和技术标准的高品质、国际化的自主品牌银行卡——银联卡。随着银联卡的普及应用,银联品牌在我国民众中的知名度日益提高。银行卡作为一种先进的支付工具和现代社会最为重要的支付方式,提高了各行业的支付效率,加快了资金周转效率,降低了全社会的交易成本,并推动了社会信用文化建设。目前,银行卡已渗透到社会经济生活的方方面面,在扩大消费、拉动内需、促进国内经济增长和社会进步方面发挥着越来越大的作用。银联的服务范围主要有:①基础服务,建设和运营银行卡跨行交易清算系统这一基础设施,推广统一的银行卡标准规范,提供高效的跨行信息交换、清算数据处理、风险防范等基础服务。同时联合商业银行,建设银行卡自主品牌,推动银行卡产业自主科学发展,维护国家经济、金融安全。②银行服务,即为国内主要商业银行提供了集清算数据处理、技术支持、风险控制、数据分析、产品创新于一体的综合服务方案。中国银联通过银行卡跨行交易清算系统,为国内商业银行提供了跨行、跨地区、跨境的银行卡转接服务,同时本着“同创品牌、和谐共赢”的原则,整合资源、搭建平台,与商业银行一起做大做强中国银行卡产业。③商户服务,即为商户提供了配套的综合服务,努力为商户提供各种多样的支付解决方案,帮助商户解决支付应用方面的实际问题,目前已经为国内40多家知名企业集团提供了综合支付解决方案,实现商业运行的高效和便捷。④持卡人服务,让每位持卡人感受银联卡的方便与快捷。为满足人民群众日益多元化的用卡需求,中国银联大力推进各类基于银行卡的创新支付业务。人民群众不仅可以在ATM自动取款机、商户POS刷卡终端等使用银行卡,还可以通过互联网、手机、固定电话、自助终端、智能电视终端等各类新兴渠道实现公用事业缴费、机票和酒店预订、信用卡还款、自助转账等多种支付。围绕着满足国人多元化用卡需求,在中国银联和商业银行等相关机构的共同努力下,一个范围更广、领域更多、渠道更丰富的银行卡受理环境正在逐步形成。

中国银联带头并推动相关各方,为各类市场主体提供专业化服务支持,推动形成银行卡专业化服务体系,对银行卡产业快速、健康发展起到了积极的促进作用。其产业体系包括:

一、负责运营国际业务的银联国际有限公司。该公司以会员制吸引全球合作伙伴,拓展银联卡境外受理网络,扩大银联卡发行和使用,开展创新支付的跨境应用,提升银联品牌的国际影响力。通过与全球200多家机构合作,目前银联国际受理网络已延伸到140多个国家和地区,在超过30个国家和地区发行了银联卡。银联国际正在为全球最大的持卡人群提供优质、高效、安全的跨境支付服务,并为越来越多的境外持卡人提供日益便利的本地化服务。

二、从事银行卡受理市场专业化服务的全国性集团公司——银联商务有限公司。该公司依托广泛的服务网络、高素质的服务队伍、先进的管理、领先的技术,为发卡机构、特约商户和广大持卡人提供优质、高效、规范、专业的银行卡收单专业化服务。

三、银联数据服务有限公司。为金融机构提供银行卡数据处理服务的专业化公司,集成和提供各类银行卡业务所需的解决方案、服务平台和网络基础设施。

四、银行卡增值业务应用的专业支付公司——银联电子支付有限公司。拥有面向全国的统一支付网关"网付通"(ChinaPay),主要从事互联网等新兴渠道为基础的网上支付、网上跨行转账、网上基金交易、自助终端支付等银行网上支付及增值业务。

五、银行卡检测中心。该机构是银行卡产品和机具检测机构,拥有国家级检测中心资质以及符合国际标准的 EMV 检测实验室,对各种银行卡和受理机具等进行科学、公正的技术质量检测,确保银行卡交易通畅、安全。

六、中金金融认证中心(CPCA)是由中国人民银行和国家信息安全管理部门批准成立的互联网第三方安全认证机构,通过发放数字证书为网上银行、电子商务、电子政务提供安全认证服务。

银行卡作为现代化的电子支付工具,其产业地位在金融体系中占据重要位置,其产业发展利国利民,对于促进消费、减少现金流通、降低交易成本、加强反洗钱、扩大税基、提升国际形象、促进衍生产业发展具有积极意义。近年来,我国银行卡产业在中国人民银行的组织领导下,取得了一系列突破性的进展,中国已逐渐成为全球最具发展潜力的银行卡产业大国。中国银联正携手境内外合作伙伴,进一步推动我国银行卡产业又好又快发展,为人民群众提供优质、安全、高效的银行卡综合支付服务,把中国银联建设成为在国内具有权威性和公信力,在国际具有竞争力和影响力的国际性银行卡组织,把银联平台建设成为具有全球影响力的国际主要银行卡品牌,实现网络全球化、品牌国际化的发展愿景。在经济全球一体化和中国经济快速崛起的发展背景下,2004年中国银联开始实施国际化发展战略,并于当年实现了银联卡在香港和澳门地区的受理,揭开了我国银行卡产业主动利用国内国际两种资源、开发国内国际两个市场的新篇章。国内商业银行也逐步跨出国门,国内银行卡机构的国际化在为国内外持卡人提供更加便利的用卡服务的同时,也有力地推动了国内银行卡产业的国际影响力和竞争力。在境内银行卡产业加速国际化的同时,境内银行卡市场的巨大需求和发展潜力也吸引了众多境外机构的关注和投入,境外商业银行、跨国银行卡公司、第三方支付服务机构也加快布局中国市场。中国银联组织机构如图 25 所示。

目前,中国银联在全球拥有成员机构超过 500 家,全球发卡量达到 60 多亿,境外发卡量有 7000 多万,境外商户数量为 2000 多万。同时,中国银联也是 EMVCo、APN 的核心成员。

二、海外工程人才培养经验分享

"一带一路"战略要求我们依靠中国与相关国家的双多边机制,借助区域合作平台,共同打造政治互信、经济融合、文化包容的利益共同体、命运共同体和责任共同体。合作方式也相应有所转变,从简单的工程输出向高科技输出

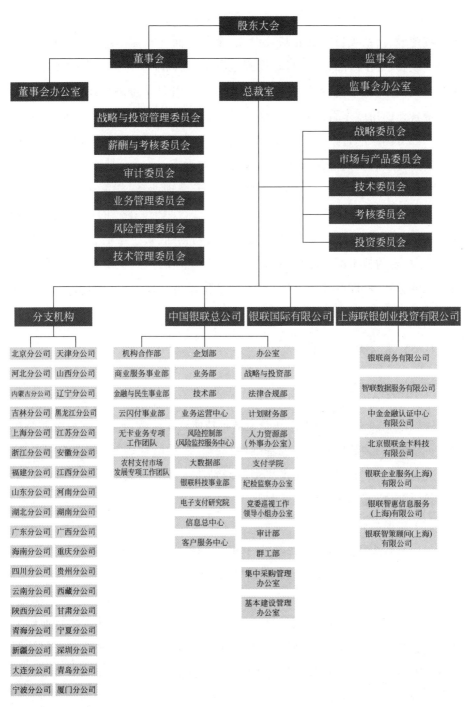

图25　中国银联组织机构

转变,从资金援助到项目合作,从修路筑桥到技术合作,国家层面开始输出电力系统建设、高铁项目等重要基础设施,企业层面开始输出网络通信网设施、计算机设备、电子产品,金融基础设施也有出海,商业部在援助老挝国家项目中第一次把银行卡交换系统建设纳入援外项目,开创了金融科技输出的先河。从金融合作的角度来看,"一带一路"沿线国家的金融体系发展程度参差不齐,很大一部分国家的金融基础设施相对落后,金融体系为西方所垄断。这些国家普遍有比较迫切的经济发展与保持独立的诉求。在"一带一路"项目建设中,中国银联在超过50个国家和地区开通了受理业务,银联卡发卡量达到2500多万张,达到银联总发卡量的1/3左右。"一带一路"的商户数量达到400多万、ATM数量达到40多万。为确保贸易畅通、资金融通、支付和清算畅通,建立配套的技术配套体系逐渐提上日程,培训的重点主要集中在:受理和发卡的业务拓展,即业务和市场培训;标准化输出和技术项目输出,即标准化交流和工程师的再培训。

(一) 人才培养特色

1. 本地人才培养特色

中国银联博士后科研工作站暨金融科技研究中心为进一步推动金融领域科技创新助力,尝试更好地实现基础性、战略性、前瞻性领域的技术突破和成果转化,努力为产业培养和输出更多的高精尖人才。研究的课题主要包括金融科技、战略研究和联合培养三大类。

(1) 金融科技类

金融科技类包括人工智能领域、物联网领域、区块链领域、数字货币领域、信息安全领域、数据挖掘领域、金融科技情报领域。

(2) 战略研究类

金融科技对金融行业影响的研究:开展金融科技对国内外金融行业影响的研究,包括监管政策、最新研究及应用成果等;聚焦于金融科技在支付清算领域的发展影响,研究符合银联业务特点的应用模式,并参与银联的金融科技产品研发。

云计算及其在金融领域的应用发展研究:研究国内外云计算提供商的商

业模式及发展策略,深入挖掘云计算在金融业中的价值及应用现状等;重点结合云计算与银联业务特点,研究中国银联云计算发展策略,并参与银联云计算应用技术研发,包括但不限于数据批量处理及分析、资源配置与调用等。

中国跨境支付现状与趋势研究:开展跨境支付业务市场现状与业务发展策略研究,包括全球跨境消费和跨境汇款等业务的发展和商业模式、主要国家跨境支付业务监管情况、卡组织跨境支付业务面临的机遇和挑战及中国银联跨境支付业务策略等。

数字货币发展前景与应用研究:参与数字货币相关基础性研究,包括货币发展与数字货币演变、数字货币支付与受理机制、数字货币经济政策等;作为团队成员共同构建银联的数字货币发展策略,包括网络架构、清结算体系、商业合作等方面方案及相关专利布局。

数据开放与隐私保护:开展大数据安全、隐私保护等信息安全前沿技术研究,结合主要国家数据安全和隐私保护相关法律,研究不同行业主体间的数据互联互通、共享共治等数据开放合作。

(3)联合培养类

与上海票据交易所联合培养,主要研究方向为:基于区块链技术的数字票据应用研究,旨在开展区块链技术研究和应用攻关,跟踪研究区块链技术在工业界以及学术界的最新研究成果,解决区块链瓶颈问题,为提升区块链性能可用性提供解决方案,设计适用于票据市场的区块链架构,构建基于区块链技术的数字票据交易、信息和风险等应用模型。

与上海票据交易所联合培养,主要研究方向为:基于大数据的应用系统运行支持数据分析,旨在开展大数据技术研究和应用攻关,利用大数据技术对交易数据、系统日志、票据影像等结构化数据和非结构化数据进行分析研究,设计并构建应用系统安全运行指标体系、运行风险监控模型、系统运行预警模型、客户直连和客户端异常行为画像等。

与中国人民银行清算中心联合培养,主要研究方向为:开展人工智能技术应用研究,利用知识图谱、机器学习等技术探索和分析支付系统业务、运维数据应用价值,包括宏观政策传到分析、参与机构流动性风险识别、可疑交易识别、运维监控和智能客服。

2. 海外人才培养特色

中国银联在老挝和泰国的项目开展过程中，依据自身项目特点与当地实际情况相结合，总结出一套可不断完善的培训体系，同时也培养了大批的技术人员、工程管理人员、商务人员。以中国银联在老挝的项目为例，该项目主要是为老挝央行建设一个覆盖老挝全境的银行卡跨行信息交换系统。该系统将帮助实现老挝境内发行的银行卡跨行交易的统一转接和资金清算，基于中国银联的技术标准及规范来实现老挝国内发行的银行卡联网通用。该系统建成后，会由老挝央行建立配套的运营服务组织负责系统运行和业务运营工作，为参与机构提供相关服务。通过系统运营，逐步推进老挝国内银行卡品牌建设，促进老挝国内相关法规、制度的完善，从而推动老挝国内银行卡产业发展，争取成立合资公司。为了实现上述目标，中国银联开发了与之配套的培训体系，为在地的员工进行培训。

（二）项目难点总结

这两个项目作为银联首次到境外实施的金融项目，没有可参考的经验和资料，一直在探索中前进。从大背景来看，目前中国的国际合作状况是，基础设施已经大规模出海，金融基础设施的技术输出也已经有先例，但是否可以复制还有待确认；金融合作配套已经启动，但是人民币尚未成为主流结算货币；尚未形成一整套综合的可以对外输出的金融技术体系，还不足以形成完全的可持续性与用户黏性，配套的培训维护机制尤其缺乏。

技术要求。与普通的工程项目不同，该项目的系统构建包含了大量的技术要素。金融输出包含了多层次的技术要素，为业务的培训增加了难度。

语言要求。除了技术本身以外，这也是银联首次全方位用英语交流实施的项目，由应用团队独立开展 28 天业务技术移交培训。

人文交流。在商务公关方面，从首次交流被拒之门外到后期打成一片，如何让对方按项目计划来配合；如何克服国外的工作习惯、社会文化等方面的差异，让对方顺利接收该系统运维，都是需要认真考虑的问题。

（三）人才培养模式

人才培养模式分为五个部分：项目管理、培训课件、培训能力、带出产业链的培训落地、维保和培训补救。其所培养的海外项目人员主要为工程技术人员、工程管理人员、商务人员三大类。

1. 项目管理

项目管理的主要内容包括:

全盘计划:涉及培训对象、课件、师资安排、费用、出境;

验收标准:笔试、上机、应急等;

检测机制:签到、拍照、建立培训库;

内容涉及:目标与国内有较大的差异,目的性更强;

效果跟踪:随时跟踪效果;

能力跟踪:建立对方技术人才库。

2. 培训课件

培训课件分为两大模块,即课件本身以及培训方式。

培训课件:系统概况、业务规则、技术规范、操作以及系统运维(操作系统、数据库、中间件、日常操作、监控、应急切换、故障定位)。

培训方式:资深工程师现场授课,试运行期间实践指导,相近市场人员授课(东南亚)。

3. 培训能力

培训能力分为:操作能力;运维能力(部署、进程操作、日志查看等,包括协同工作和管理);应急能力(判断和切换);专业化能力(问题分析定位、二线支持);研发和分析能力;架构判断能力(高层管理人员)。

4. 带出产业链的培训落地

带出产业链的培训落地分为:国产服务器、存储、网络、加密机等设备以及相关配套培训;中国金融认证中心(CFCA)在海外系统中的第一个根证书应用;银行卡产业相关(银联数据业务、银联收单);银行合作伙伴(协同银行卡交换前置、核心系统的厂商拜访当地银行及培训);联系并提供银行卡制卡商、POS 机、ATM 机厂商列表和联系方式。

5. 维修和培训

三年维保：巡检服务，提供补丁及升级指导，故障处理。合资公司运作，后续需求开发，培养当地的二次开放能力。

三、"一带一路"国家培训体系的政策建议

（一）培养目标

本地化：培养本地化金融技术支持力量，减轻低附加值的运维比重。

追随者：培养金融技术路线的合作者与追随者，培养年轻力量，提升中国技术的市场影响力，提升国家形象。

生态链：建立面向"一带一路"的金融技术生态体系，把握金融技术的引领权。

全方位合作：依托金融培训体系的建立，促进提升全方位多领域的合作；促进构建互惠互通网络，扩大朋友圈，促进金融安全、网路安全、完善风险防控，促进全球技术版图再平衡、打破外放技术垄断、打破金融封锁，为中国企业尤其是金融企业出海提供便利，促进金融业务的合作、带动人民币国际化，同时促进自身金融技术体系不断完善，巩固两国的双边关系。员工管理是海外项目面临的共同问题，包括当地员工的进入退出机制、考核机制等都尚未形成规范化管理。

（二）实施路径

培养本地技术力量：配合输出项目落地实施培训；利用已有的机制，为中高层骨干与精英领导阶层提供高品质培训服务（亚投行、联合国培训机构），为"一带一路"国家的业界精英人士提供交流的平台（国开行和商务部）。

扩大影响力：跨国人才培养，通过学术教育机构进行合作，建立高校联盟，协商相关学科学位互认；遴选"一带一路"国家优秀青年来华进行技术研修以及实习；成体系培训，注重形成技术能力产业链（包括对基础软硬件厂商再培训的支撑和支持）。

引领生态体系：借鉴开源模式，打造开放的技术培训生态体系；标准共享，

知识产权随项目开放,二次使用注明出处,增量技术创新进行回馈,成果共享;积极推动所输出的标准成为当地的国家标准。

全方位提升促进:寻找突破点进行培训切入,带动其他方面的交流,如金融安全、风险防控、信用体系、网络安全等;形成双向互动,取长补短;推动贸易配套无现金化资金通道(银行卡);重点推广互联网、大数据、区块链等方面的优势技术。

(三) 政策保障

设立课题,针对"一带一路"沿线国家的现状进行调研梳理,分类施策,重点突破;鼓励企业在输出项目落地的同时实施培训;增加援助、共建、低免息定向资金进行金融科技的合作;政策上,加强对当地青年的遴选,开放短期实习的机会,便利相关签证;加强协调与沿线学校的学历互认,并再论证设立"一带一路"大学的可行性,重点为"一带一路"建设培养人才;增强知识产权体系的追溯能力、法律保障能力以及国家背书;统筹梳理金融行业已有的标准与技术,成体系对外进行培训输出;在人才培养、建立实践教学基地等方面努力做到校内与校外相结合;理论与实务相结合;虚拟与现实相结合;实践与创新相结合。

(案例整理:杨茗)

案例八 中国电力技术装备有限公司

一、基本情况

中国电力技术装备有限公司(以下简称"中电装备公司")是国家电网有限公司全资子公司,是国家电网有限公司开展国际工程总承包业务的运营平台和实施主体。

中电装备公司致力于国际电力能源领域的业务开发和建设,主营业务包括电力工程总承包,电力设备集成与供货、电网调度、运行与维护,以及工程规划、设计、咨询与投融资支持四个领域,承揽国内、国外跨国跨区域联网特高压交流/直流输电、柔性直流输电、智能电网、电力系统自动化、全电压等级输配电项目群等大型输变电工程总承包项目,以及成套设备供货、电网调度、运行维护等服务,提供工程规划、勘测、设计、融资、采购、建设、运营、技术培训一揽子解决方案。

中电装备公司积极服务"一带一路"建设和国际产能合作,业务区域覆盖亚洲、非洲、拉丁美洲40余个国家和地区,在境外设立10家分(子)公司和14家代表处,境外业务包括跨国联网、国家主干电网、清洁能源、城市配网等类型,涵盖EPC+F、BOT、PPP等投融资合作模式。中电装备公司组织结构图如图26所示。

到2018年8月底,中电装备公司在亚洲、非洲和拉美等10多个国家建设电网项目40多项。国际营业额居2018年度全球最大ENR250国际工程承包商第80位,位于中国对外承包工程企业电网输变电业务第1位,是榜单中唯一以电网为核心业务的国际工程总承包企业,连续3年获中国机电产品进出口商会、对外承包工程商会AAA级信用评级。

中电装备公司建设的巴西美丽山二期±800千伏特高压直流输电工程,是首个中资企业海外独立开展工程总承包的特高压输电项目,标志着中国特高压技术、装备和工程总承包"走出去"再次取得重大突破。巴基斯坦默蒂亚里—拉合尔±660千伏直流输电工程,是中巴经济走廊能源合作唯一的输变电

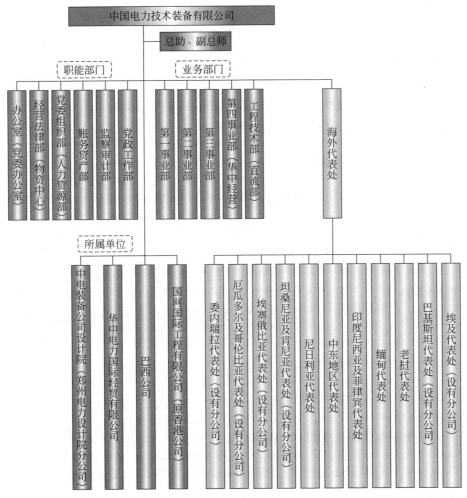

图 26　中电装备公司组织结构

图片来源:中电装备公司官网

项目。建成的埃塞俄比亚 GDHA 500 千伏输变电工程,是目前非洲规模最大、东非地区电压等级最高的输变电工程。埃塞俄比亚首都轻轨配套输变电工程是非洲首条轻轨输电项目,埃塞政府对项目建设和质量给予高度评价。埃及 EETC 500 千伏国家主干网升级改造工程,是中埃产能合作框架下首个签约实施项目,在习近平主席、埃及总统塞西见证下签约。土耳其凡城 600 兆瓦背靠背换流站工程,为土耳其电网与伊朗电网的互联项目,是土耳其第一个直流项目。埃塞俄比亚—肯尼亚±500 千伏直流输电工程,是东非地区首条跨国直流联网项目。缅甸北部 230 千伏主干网连通工程，是缅"北电南送"主要输电通道。

二、海外工程人文交流经验及模式

在快速发展的道路上，中电装备公司格外注重与当地的人文交流，关注当地法律规范，强调属地管理，重视社会责任。

（一）人文交流特色与类型

借助"一带一路"等重大机遇，中电装备公司以更高的视野和更加开放的心态，立足全球，融入国际，克服民心障碍，特别重视人文交流在工程实施中的作用。

以中电装备公司在埃塞俄比亚的 GDHA 500 千伏输变电工程为例。该项目充分履行社会责任，融入当地社会；实施创新管理方法，完善当地雇员管理；签订劳动合同，严守劳工纪律；遵纪守法，雇佣当地律师。科技的力量正在改善埃塞俄比亚人民的生活，让埃塞俄比亚近 10 年来经济发展基本保持两位数增长，成为全球发展最快的经济体之一。

（二）人文交流经验

1. 重视当地商务规则和法律法规

海外劳动法律与国内有所差别，大多充分保护劳动者权益，若用工前不深入了解，会给雇工管理埋下隐患。为此，在工程初始，项目部就主动了解当地劳动法，咨询其他中资企业，并结合项目实际情况，确定项目的用工思路。一般情况下，国外都有专业的法律援助组织，对当地劳工纠纷实行免费代理，且当地法院最终判决多数倾向于雇工，特别针对外资企业。项目部经过招聘面试，最终聘用一位当地有经验的律师作为项目专职律师，对日后的工人管理提供了法律支持。

2. 以劳动合同为核心，加强对当地劳工的纪律管理

埃塞俄比亚劳动法十分注重劳动合同，律师参照劳工部劳工合同范本，结合项目实际情况，确定项目用工合同。劳动合同确定后，公司召集分包商和各

施工队长,对劳动法和劳动合同进行讲解,并组织工人现场签订劳动合同,同时以书面形式确定公司劳工纪律,包括考勤、奖惩等,为日后辞退遣散工人奠定基础。

3. 拉近同当地雇员的心理距离

项目在当地雇员管理方面创新工作思路,对当地员工分层次雇用,做到精细化、规范化管理。同时,通过传承经验技能、组织节日联谊和不定期座谈会、评选"月度最佳员工"等形式,拉近同当地雇员的心理距离,控制潜在用工风险,工程实施过程中没有发生任何当地用工纠纷。

4. 积极履行社会责任,提升企业及国家形象

项目部以树立"国家电网"品牌为宗旨,在保证施工质量的同时,也积极开展爱心助教活动。以埃塞俄比亚项目为例,项目部先后三次到奥罗米亚州Holeta 地区中心小学捐赠电脑、文具、足球等教学用品,极大地改善了学校的教学条件,获得了良好的社会效应,为项目建设与发展营造了和谐的社会环境。工程建设过程中,双方由认识了解到相知熟悉从而收获友谊,很多埃塞俄比亚人用微信进入了河南人的"朋友圈"。在项目建设中,项目员工与当地员工之间的语言障碍是一个重要问题。他们把一些常用名词制作成小卡片,同时标注汉语拼音和当地语言,这样双方很快就能进行简单交流。

(三) 人文交流模式

人文交流模式分为三个部分:国际化战略,服务策略以及"走出去"策略。以共建、共享、共赢的姿态负责任地运营海外资产。

1. 全球视野推进国际化战略

稳健投资获良好声誉。连续多年获得标准普尔、穆迪、惠誉三大国际评级机构国家主权级评级。

推进电网互联互通。累计建成中俄、中蒙、中吉等 10 条跨国输电线路,促进民心互通。

深化国际产能合作。先后承揽建设埃塞俄比亚、波兰、缅甸、老挝等国家级重点电网项目,工程质量获得当地各方好评。

推动技术和标准"走出去"。在国际上率先建立了完整的特高压交直流、智能电网技术标准体系，主导制定国际标准 47 项。

树立负责任的国际企业形象。坚持本地化发展，积极聘用当地员工，本地化率达到 97%，严格守法经营，积极履行社会责任。

2. 创新服务"一带一路"建设

中电装备公司成功运营菲律宾、巴西、葡萄牙、澳大利亚、意大利、希腊等国家的骨干能源网，境外资产规模超过 600 亿美元。公司坚持共商共建共享原则，投资、建设、运营"一带一路"沿线国家骨干电网，深化国际产能合作，着眼长远，加强管理，资产运营效率和安全水平稳步提升，得到当地社会和监管机构广泛认同，积极创建服务"一带一路"建设新局面。

中电装备公司推进中蒙、中尼、中俄等跨国联网项目，在解决当地无电和缺电问题、促进民心相通方面发挥了积极作用。

中电装备公司充分发挥在设计、施工、技术、管理等方面的综合优势，积极参与国际电网联通工程项目，正在实施埃塞俄比亚—肯尼亚直流联网、土耳其—伊朗直流背靠背联网等项目，开展葡萄牙—摩洛哥、希腊—塞浦路斯、以色列—埃及、沙特—埃及等跨国联网工程。公司建设的埃塞俄比亚复兴大坝水电站 500 千伏送出工程，被埃塞俄比亚政府确定为青少年爱国主义教育基地。与埃及输电公司进一步开展埃及境内 500 千伏输电线路及相关变电站建设工作，稳步推进巴基斯坦 ±660 千伏默拉直流输电项目。

3. 资金、技术、标准、管理全方位"走出去"

依托自身优势，根据国际市场需求，中电装备公司以电网输变电工程总承包为重点，建立了从投资、技术、装备到设计、施工全方位"走出去"的国际产能合作模式，带动我国电工装备、控制保护设备、调度自动化系统、高端电力电子设备等出口到 83 个国家和地区，包括德国、英国、波兰等欧洲高端市场，先后承建了埃塞俄比亚、波兰、巴基斯坦、缅甸、老挝等国家级重点项目，带动全产业链、全价值链"走出去"。

中电装备公司积极搭建国际融资专业平台，充分利用国际资本市场，累计发行 165 亿美元债券、20 亿欧元债券，有力地促进了资金融通。

在特高压、大电网控制、智能电网等领域，中电装备公司取得一批具有自主知识产权、国际领先水平的创新成果。在国际上率先建立完整的特高压交直流、智能电网技术标准体系。中电装备公司推动我国成为国际电工委员会(IEC)常任理事国,并担任 IEC 副主席和市场战略局主席。中电装备公司积极推动标准"走出去",促进公司技术优势向国际竞争优势转化。

4. 共建、共享、共赢的海外"人文交流运营+"模式

国家电网有限责任公司负责运营在菲律宾、巴西、葡萄牙、澳大利亚、意大利、希腊、中国香港等国家或地区的资产。在运营资产过程中,公司严格守法经营,尊重当地文化、宗教和习俗,积极履行社会责任,赢得了所在国家和地区政府、合作方和社会各界的认同和尊重,有力地促进了当地就业。通过资助学校和儿童教育、支持贫困地区服务设施建设、参与环保公益活动等,有力推动与"一带一路"沿线国家民心相通。

(1)巴西分公司:坚持和谐发展、积极参与公益活动

坚持可持续、和谐发展。巴西分公司以"本土化"长期发展为战略目标,尊重当地宗教习俗与民族文化,坚持以人为本,建设相互融合的国际化工作团队。积极推动利益相关方合作。加强当地高层互访,积极参与输电绿地项目的竞标与建设,坚持扎根巴西、长期发展,积极参与社会公益。国网巴西控股公司累计投入 534 万雷亚尔,赞助了"马累贫民窟青少年交响乐团和音乐学校""里约四季长跑""人类纪"影片等 10 个公益项目。国网巴西控股公司利用税收优惠、环境保护责任、沟通交流、媒体互动等多重渠道,积极参与社会公益活动。利用减税计划长期赞助的贫民窟马累乐团从最初不足 10 人发展到目前的 500 人,累计超过 2000 名学生受益,在巴西引起轰动。组织开展特高压技术与管理等 26 项大类专业培训,分两批选派巴西骨干管理人员到中国参加特高压技术与企业管理培训,累计参培人员 909 人次,学习先进管理理念、特高压交直流建设、运维管理成功实践,提升骨干员工特高压项目管理能力。

(2)希腊分公司:以经济发展为中心,坚持共享和合作

在经济领域。投资新建和升级改造希腊国家输电系统,改善系统效率和可靠性,为希腊经济发展做出贡献。在社会领域。与输电项目所在地的社区居民保持信息共享和合作,并采取积极有效的补偿机制,有效保护当地社区。在环境领域。设计和建设占地面积更少的室内变电站和地下电缆,敷设海底电缆将岛屿与大陆电网系统互联,降低对燃油发电的依赖,保护自然环境。希

腊国家电网公司与输电项目所经地区的社区签署征地协议,注重区域自然景观保护(如基克拉迪群岛项目),积极参与社区公益活动,包括参与民事防护、为公共事业提供机械设备等。在项目实施过程中,主动通知社区组织,阐明项目带来的利益并寻求其配合解决有关问题,顺利推进工程;不断与供应商沟通,通知其设备运行情况,帮助其改进技术和产品质量;积极回馈社区,提高透明度;参与国际组织和协会,提供能源、企业和可持续发展方面的信息。

(3)澳洲分公司:与属地实现技术共赢、经济发展共赢

澳洲分公司研究决策国网澳洲公司关键管理事项,支持其实现天然气业务新突破。全面提升国际信用评级至 A 级,每年可节约融资成本约 5000 万元人民币。国网澳洲资产公司成功中标澳洲最大规模 5 年电网运维服务合同,接管整合以 4.15 亿澳元中标的 DDP 管线收购项目。南澳公司以 3460 万澳元中标太阳能电厂联网非监管项目。澳网公司发起的首个智能社区微电网实验项目荣获澳大利亚清洁能源理事会颁发的"2017 年度创新奖",成果商业化应用成为业务新增长点[①]。

三、海外人文交流展望及建议

中国公司在建设埃塞俄比亚的过程中积累了经验,并把中国装备和中国技术带出去。合作共赢、共同发展,中埃两国的合作目前已经成为中非合作的典范,而这也正是中国倡导"一带一路"建设的初衷[②]。

在进一步加强海外工程科技人文交流方面,应该更加注意法律的学习,充分运用法律武器保护企业海外合法权益。坚持实施企业社会责任,融入当地社会,充分获得民心支持。特别是在处理与当地劳工的关系时,要创新管理方法,以工程为主,以国家形象为大局,充分考虑两国关系的长远发展。

(案例整理:胡顺顺)

---

① 国家电网. http://www.cet.sgcc.com.cn/html/files/2018-10/10/20181010093958700400908.pdf.

② 耿惠英."非洲屋脊"的光明使者——埃塞俄比亚 GDHA 500 千伏输变电工程项目纪实[J].国际工程与劳务,2017(11):70-72.

案例九　中国对外承包工程商会

一、基本情况

中国对外承包工程商会(以下简称"承包商会")成立于1988年,是由中国境内从事对外承包工程、劳务合作、工程类投资及相关服务的企业组成的全国性行业组织。

成立30年来,承包商会紧跟行业发展脚步,秉承"提供服务、反映诉求、规范行为"的职能,积极探索、求真务实、开拓创新,为助力会员企业业务能力提升、促进我国对外经济合作事业的稳步健康发展不懈努力,成为"政府信赖、企业支持、社会认可、国际知名"的中国行业协会。在国家民政部组织的"全国行业协会商会评估"中,承包商会荣获最高等级5A级,并被评为"全国先进社会组织"。

承包商会现有会员企业1500余家。改革开放以来,会员企业昂首阔步走出国门,凭借精湛的施工技术、优质的服务和雄厚的实力,在全球190多个国家和地区开展承包工程、劳务合作以及工程项目投资等业务,在交通、建筑、电力、石化、通信等各领域建设了一大批惠及各国经济发展、社会进步和民生改善的工程项目,在国际基础设施建设市场唱响了"中国建设"品牌,树立了"负责任中国承包商"的国际形象,增进了中国与世界各国人民之间的交流与友谊,赢得国际业界的高度信任和广泛赞誉(见图27)。

党的十九大以来,在新时代中国特色社会主义思想的指导下,我国对外经济合作事业迎来新的发展机遇。承包商会将以国家"一带一路"倡议、国际产能合作等政策为引领,以企业业务发展需求为导向、以深化会员服务为根本,努力促进新时代我国对外经济合作事业的可持续发展。

中国对外承包工程商会的宗旨是遵守国家宪法、法律和法规,遵守社会道德风尚,执行国家方针、政策,致力于促进我国对外承包工程、劳务合作、工程类投资及相关服务行业的发展。

商会职责是:①代表行业利益,表达行业意愿。参与相关法律法规、产业

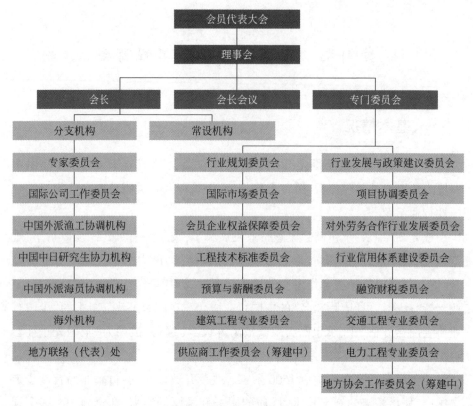

图 27　承包商会组织结构

图片来源:承包商会官网

政策、技术标准和行业发展规划的制订,向政府反映会员的合理建议;代表行业进行对外交涉,维护会员企业及劳务人员的合法利益。②实施行业自律,维护经营秩序。制定行业行为规范和公约,协调会员业务和会员关系,开展行业信用体系和社会责任建设,维护国家利益,维护经营秩序,保护公平竞争。③开展专业服务,满足企业需求。开展行业研究,提供信息、咨询、培训服务,协助企业解决业务问题,组织市场考察和开拓活动。④加强国际交流,促进同行合作。代表本行业参加国际同行业组织,出席有关国际会议,与相关国际组织和地区、国家同行业组织建立联系,促进行业的国际间合作。⑤履行政府委托的、会员共同要求的及行业发展所需要的其他职责①。

---

①　中国对外承包工程商会. http://www. chinca. org/CICA/COCBriefIntroduction/Detail/17102416132011.

二、海外工程人文交流经验及模式

（一）人文交流特色与类型

"一带一路"倡议提出后，承包商会进一步加强对会员企业国际业务发展的支持引导，在政策诉求反映、合作平台搭建及相关专业服务等方面开展了大量工作，为帮助不同类型企业对接"一带一路"倡议发挥了积极作用。

（二）人文交流经验

第一，配合"一带一路"倡议，为企业发展争取有利环境。代表行业参与"一带一路"政策完善和工作落实。承包商会参与部委"走出去"专项课题，向国务院提交改革意见；派员参加中外自贸区等谈判，并就市场和人员准入等便利化措施提出行业意见、建议。参加中巴经济走廊、中国与安哥拉等国双边经贸委员会工作，承担政府间自贸协定框架下投资便利化安排落实工作；与中国扶贫开发协会和中国扶贫创业联盟等单位合作，以劳务合作行业为依托探索"一带一路"人文交流路径。

加强重点问题研究与诉求反映。起草《承包商会关于"一带一路"倡议背景下对外承包工程行业发展态势和相关工作考虑的报告》，全面梳理会员企业业务拓展中的障碍和难点并提出相关政策建议。报告经商务部上报国办参阅后，被国办《专报信息》和中办《每日汇报》采用，得到国家领导的关注。依托相关专门委员会牵头开展"境外合作区发展"等专项研究，研究行业转型热点，提出发展和政策建议。

第二，打造国际化专业合作平台，维护良好经营秩序。积极推荐优秀企业，广泛开展业务对接。发挥行业组织"知行业、接地气"的优势，先后为玻利维亚、蒙古、白俄罗斯等政府间合作项目推荐企业；参与政府间合作协议修订工作；配合政府和金融机构调整相关金融和支持政策。在山东、江西、甘肃等地组织对外承包工程与劳务资源对接活动，促进央企与地方企业的业务对接。

突出国际化特色，为企业对接"一带一路"搭建合作平台。2016—2017年，承包商会先后举办了中俄建筑合作论坛、中巴经济走廊投资建设合作论坛等国际化专业论坛，为会员企业与国外政府及业主对接提供平台。承包商会还积极组织企业参加中国银行业服务"一带一路"研讨会等专题论坛，拓展行业间交流对话的"朋友圈"。针对不同国家市场,承包商会先后组织会员企业赴刚果(布)、赤道几内亚、俄罗斯等国进行市场调研和对接交流,在促进中外双方增进了解、促成具体项目顺利落地中发挥的作用进一步凸显。

第三,整合优势服务资源,提高专业化服务能力。信息服务方面:围绕"一带一路"倡议和行业发展特征,发布《对外承包工程/劳务合作年度发展报告》《重点国别市场运行监测报告》等行业报告和资讯。与以色列、巴基斯坦等11个沿线国家驻华使馆建立信息沟通机制。承包商会2016年通过网站、电子期刊、杂志等渠道共发布信息4万多条,实际受众每月达8万余人,访客来自157个国家和地区;4个微信公众号累计发布微信400多条,信息2000多项,订阅总人数达3.5万人。

培训服务方面:把握"一带一路"倡议背景下企业对国际工程人才培养的需求,与国内外专业机构加强深度合作,完善课程服务体系。承接举办中国对外投资合作企业与发展中国家部级官员交流研讨会、国际多边金融机构贷款项目商业机会论坛等政府间培训交流活动。全年共组织各类培训、交流活动20余期次,覆盖超过1000人次。

咨询服务方面:围绕"一带一路"沿线国家提供专业安全信息服务,常态监测全球风险信息。利用多种渠道发布各类风险信息3100多条、风险评估专报23篇,应急处置重大突发事件11起;保险保障服务覆盖企业外派人员5600人次,妥善处理6起应急救援事件。扩展完善涵盖美标、英标、俄标及欧标的工程技术标准数据库,为企业随时调阅提供便利。

会展服务方面:针对"一带一路"倡议,设计举办第七届国际基础设施投资与建设高峰论坛,吸引60多个国家和地区的1300余名嘉宾和代表出席,其中包括46位部级官员;出席论坛的国内外机构共计600余家,其中世界500强企业50多家。承办第十三届中国—东盟博览会国际经济和产能合作展区及论坛活动,举办第十四届中国工程机械技术展等专业展览活动,为会员企业搭建高层次展示和交流的平台。

第四,促进信用体系和社会责任建设,提升行业整体形象。开展企业信用等级评价工作,并将等级情况向国内外有关部门通报,结合"一带一路"沿线热点国家推介优秀信用企业。组织专业机构、行业专家和国际组织编制《中国企业境外可持续基础设施项目指引》,为会员企业参与"一带一路"社会及生态共建提供指引。

（三）人文交流模式

在人文交流方面，中国对外承包工程商会形成了"承上启下，对接国际，三服务一建设"的全方位发展模式的特色参与形式。"承上启下"即对上承接并参与国家部委"走出去"专项课题，向国务院提交改革意见；对下积极推荐优秀企业参与国际项目，广泛开展业务对接。"对接国际"即为企业对接"一带一路"搭建国际合作平台，先后举办了中俄建筑合作论坛、中巴经济走廊投资建设合作论坛等国际化专业论坛。"三服务一建设"，即提供培训服务、咨询服务、会展服务，促进信用体系和社会责任建设，提升行业整体形象。

三、海外人文交流展望及建议

作为一项国家战略，"一带一路"倡议注重不同国家之间的沟通与联系。中国对外承包工程商会的使命决定了它本身就要为"一带一路"服务的天然属性。承包商会以国家"一带一路"倡议、国际产能合作等政策为引领，以企业业务发展需求为导向、以深化会员服务为根本，努力促进新时代我国对外经济合作事业可持续发展，其实践值得推广。

（案例整理：胡顺顺）

案例十　中国铸造协会

一、基本情况

中国铸造协会(以下简称"中铸协")成立于 1986 年,是全国铸造企业、地方社团组织及与铸造业务有关的企业、研究设计院所、大专院校等自愿结成的,经国家民政部登记注册的国家一级铸造行业组织,隶属于国务院国资委。协会现拥有直接会员 1814 家,其中团体会员 67 家(涵盖 6500 余家单位)。

中国铸造协会是金砖国家铸造业联合会轮值会长单位和秘书处挂靠单位;"一带一路"工商协会联盟铸造业工作委员会秘书处挂靠单位。中国铸造协会 2009 年通过 ISO 9001 质量管理体系认证并且获得国家商务部、国务院国资委授予的全国铸造行业信用等级评级资质;荣获机械工业技能鉴定中心铸造分中心认证资质;2013 年被民政部评估为"5A"级全国性行业协会;受国家工信部委托建立"全国铸造行业准入条件"申报平台;荣获国家人力资源和社会保障部授予的"全国机械工业先进集体"荣誉称号。

中国铸造协会秘书处为常设机构,下设 44 个分支机构,6 个全资、参股子公司和 5 个驻外办事机构。现有专兼职工作人员 150 余人,另聘有专家顾问及行业工作志愿者 1000 余人。

中国铸造协会的宗旨是,贯彻执行国家方针政策,维护铸造行业的共同利益,反映会员诉求,通过为政府、会员、企业提供服务,充分发挥政府与企业间的桥梁与纽带作用;协助政府完善行业规范;加强行业自律;加速结构调整,转变发展方式,促进铸造技术进步和产业升级,推动现代铸造产业集群建设,为把中国建设成为铸造强国做出贡献。中国铸造协会具有调查研究、政策建议、组织协调、信息引导、咨询服务、维护权益、行业自律及教育培训等职能。

中国铸造协会的主要服务项目有:

举办国际展览。自 1986 年始,中国铸造协会为适应铸造企业开拓国际铸造市场之需要,以其敏锐的触觉,率先主办了"中国国际铸造、锻造及工业炉展览会",历经 22 年的奋力拼搏,已成功地举办了 9 届,来自全球 30 余个国家和地区的 6000 余家铸造企业参加展出,展出总面积达 26 万平方米,专业观众达 20 余万人次,当之无愧地被誉为中国铸造旗舰展,是高规格、高质量、高水准的三大国际铸造名展之一。在 22 年的奋进发展过程中,中国铸造协会还陆续打造出两个自主品牌的国际专业铸造展览会"中国国际铸件博览会"和"中国国际有色及特种铸造展览会",力争为行业架构一个更加专业的交流与交易的国际平台。

国际交流与合作。中国铸造协会作为中外铸造企业媒介,同美国、德国、意大利、日本、印度等 38 个国家和地区的 800 余家行业组织及企业建立并保持着长期、稳定的友好合作关系。提供技术和商贸咨询服务,组织国际技术交流及商贸洽谈会,组织国际商务考察,协调国际间进出口贸易,接待国际来访,在促进中外铸造企业的交流与合作方面发挥着重要作用。

举办国际会议。"中国国际铸造厂长(经理)会议"自 1994 年始已成功举办了 8 届。2008 年,会议正式定名为"中国铸造协会年会",在引领中国铸造行业健康发展发挥了重要作用;与此同时相继举办了"中国国际有色合金及特种铸造会议""中国国际铸件出口研讨及交易会""中国铸造企业高层论坛"等大型国际会议。三十多个国家和地区近万名铸造工作者与会,促进了国际间铸造业的合作与交流,推动了我国铸造工业的技术进步。

提供信息、咨询、网站等服务。受政府委托开展行业调研;为政府部门宏观决策提供及时、准确、全面的行业信息、统计数据、分析报告及相关政策建议;定期出版发行《铸造技术》《铸造纵横》月刊;《中国铸造年鉴》(中英文)、《铸件购买指南》(英文)、《中国铸造行业企事业名录》、《国外采购商求购铸件信息汇编》、《中外铸件标准》等铸造行业系列书籍;开展行业相关资格、资质的评审、鉴定和申报;提供政策、技术、产品等贸易信息及网站推广。

开展教育培训。面向铸造企业,开展铸造专业教育培训,以清华大学机械系为办学基地,依托清华大学优秀的师资队伍、雄厚的科研实力,开展形式多样、不同层次的专题教育培训。编写并出版铸造专业教材,完善基层教育体系,建立全国铸造专业教育网,为铸造业培养更多的中高级专业人才。

二、海外工程人文交流经验及模式

(一) 人文交流特色与类型

为了推动中国铸造企业沿着"一带一路"走出去,中国铸造协会充分发挥协会制定团体标准的优势,与"一带一路"沿线国家共同探讨并制定中国的团体标准,为中国铸造企业能够顺利地"走出去"保驾护航。中铸协参与"一带一路"工程科技人文交流的特色可以从以下三个方面来解读。

首先,通过整合行业资源,建立联动机制以及双边、多边合作机制,推进多层次、多渠道的合作,为中国铸造企业"走出去"铺路搭桥。

其次,自主制定中国铸造的团队标准,这不仅提升了"中国铸造"在国际市场上的竞争力,还成功打破国际贸易壁垒,提升了团体标准在国际贸易中的影响力,成为带动铸件产品+团体标准"走出去"的典范。

最后,帮助企业充分认识到认证认可是国际通行的质量管理手段和贸易便利化工具,可以推动互联互通建设,促进质量国际共治等重要作用。

(二) 人文交流经验

第一,深度开展国际合作。近年来,为了加速团体标准与国际接轨,中铸协不断争取在国际标准制定中的话语权,并围绕"一带一路"战略开展了一系列深度国际合作:成功发起"亚洲铸造论坛";牵头成立了"金砖国家铸造业联合会(BRICS-FA)";加盟由近 30 个国家和地区发起的"一带一路工商协会联盟",并成立联盟分支机构——"一带一路"工商协会联盟铸造业工作委员会;与沿线 65 个国家中的 13 个有铸造组织的国家搭建了相互对接与合作平台;建立起较为完善的海外行业工作体系:与 27 个国家和地区的铸造行业组织保持密切联系,与 18 家海外(境外)媒体长期合作,与德国、美国合办中英文双语杂志《世界铸造》(GLOBAL CASTING)。

第二,加快团体标准制定。在推动团体标准"走出去"方面,国家标准化管理委员会也不断出台新规。在《国家标准化法》修订草案二审稿增加一条规定:国家支持在重要行业、战略性新兴产业、关键共性技术等领域利用自主创新技术制定团体标准、企业标准;参与或主导相关团体标准的制修订工作;发挥标准对促进转型升级、引领创新驱动的支撑作用。在国家标准化体制改革中,中铸协成为国家标准化管理委员会首批 39 家团体标准试点单位之一,并按期保质超量完成了国标委下达的两年试点工作任务。

截至 2017 年 10 月,中铸协已发布实施 39 部团体标准(含 2 部双编号互认标准)。其中,2015—2017 年试点期间发布 25 部,原辅材料 6 部、耐磨相关 12 部、市政铸件 8 部、轨道交通铸件 1 部、行业规范管理 6 部。这些标准的发布实施,不仅推动了国内铸造产业转型升级,还为铸造企业开拓国际市场奠定了坚实基础。中铸协还针对耐磨铸件、城镇与建筑供排水管道铸件与市政各种铸件、电力金具及轨道交通铸件等国际认可度较高的产品制定了团体标准。

第三,促进国际间标准互认。2015 年 6 月,国家认证认可监督委员会等联合发布《共同推动认证认可服务"一带一路"建设的愿景与行动》,加快认证认可双边、多边互认进程,促进认证认可、检验检测证书的国际互认。同时倡议基于各国差异化现实,推动各方在共同感兴趣领域制定认证认可共通标准和一致性程序,最终实现"一个标准、一张证书、区域通行"。2017 年 9 月 4 日,在"一带一路"认可发展国际研讨会上,中外认可机构就认可机构的国际互认标准、实施程序和评价技术进行了深入研讨。目前,我国已与相关国家和地区签订 104 份双边合作协议,为中国企业进入国际市场提供了便利。为此,中铸协积极参加相关提升行业质量管理水平的国家认证认可系列活动,多次组织认证认可培训。

2017 年年初,为展示我国认证认可服务国家经济社会发展的工作成果,按照国家认证认可监督委员会发布的《关于开展打造质量管理体系认证升级版试点工作的通知》要求,中铸协和中联认证中心共同申报了《质量管理标准在铸造行业的应用》项目。该项目研究成果之一就是中铸协团体标准《质量管理体系,铸造企业认证要求》。该标准在国家认监委和认可委领导与专家的全过程指导管理下,已于 9 月发布实施。目前,已有一批中国铸造业龙头企业正在接受或通过了这项升级版认证标准的认证[1]。

(三) 人文交流模式

中国铸造协会在长期的服务中形成了"标准先行"的人文交流模式。众所周知,在中国企业对外交流过程中,中国标准不被普遍认可是最主要的障碍之一。而中国铸造协会提出"建立行业协会标准体系、加强协会标准管理",确定了建立铸造行业标准体系设计总体思路,即:从铸造行业有序可持续发展的实际需要出发,形成既相对独立又紧密联系、职能边界划分清晰、具有统筹协调机制和纵横联动有序推进的工作体系。

---

[1] 中国机械工业联合会机经网. http://www.mei.net.cn/jcgj/201711/754129.html.

中国铸造协会以"中国标准"为基础的人文交流策略,充分适应了"一带一路"基础设施互联互通背景下中国标准"走出去"的现实需求。

三、海外人文交流展望及建议

随着"一带一路"国内外市场与贸易经济的发展和政府职能机构改革和职能的转化,中国铸造协会将会承担更多的社会服务职能,努力建立全覆盖式中国铸造协会标准体系,制(修)订行业协会标准已势在必行;要抓住这个契机,把握行业工作主动权,占领行业工作"制高点",建立全覆盖式的中国铸造协会标准体系。

（案例整理：胡顺顺）

案例十一 中国施工企业管理协会

一、基本情况

中国施工企业管理协会(以下简称"协会")成立于1984年2月,是国家发展和改革委员会直属联系单位,民政部评定的5A级协会。协会现有会员企业4000余家,基本覆盖了行业内80%以上的特、一级企业,会员企业产值占行业总产值80%以上。协会会员分布在全国各省、自治区、直辖市,主要从事冶金、有色、煤炭、石油、石化、化工、电力、水利、核工业、林业、航空航天、建材、铁路、公路、市政、水运、通信和房屋建筑等行业(专业)。中国施工企业管理协会组织结构如图28所示。

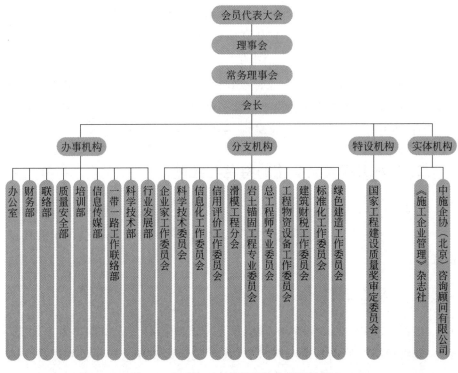

图28 中国施工企业管理协会组织结构

图片来源:中国施工企业管理协会官网

协会自成立以来，始终坚持党的路线方针政策，积极为政府服务、为行业服务、为会员服务，充分发挥桥梁纽带作用。协会主要职能有：开展调查研究，了解、发布行业发展情况；针对企业生产经营情况和热点、难点、焦点问题，反映会员诉求，为完善国家相关政策法规、制定发展规划建言献策；组织开展行业诚信建设，指导企业开展经营管理活动；推广新技术、新工艺、新流程、新装备、新材料的应用，推动企业技术进步，促进行业科技水平提高；引导企业加强质量安全管理，受国家发展和改革委员会委托，承担国家优质工程奖评选工作；传播现代科学管理知识，组织企业管理、项目管理等专题研究和专业培训，帮助企业培训经营者和专业管理人才，加强企业人才队伍建设；利用杂志、书刊、网站提供信息服务；开展咨询服务，指导企业改善管理，提高效益；组织开展境外交流活动，加强同境外有关民间组织的联系与合作；接受并完成政府有关部门委托的工作。

为认真贯彻落实"一带一路"战略赋予社会组织的新使命，创建合作平台、开拓交流渠道，推动工程建设企业更好地"走出去"，协会于2017年3月15日在京正式成立了"一带一路"工作联络部；7月18日，联络部网站上线运行。网站运行后，为中国施工企业及时提供"一带一路"动态，解读国内外有关"一带一路"政策法规，发布"一带一路"项目信息，为协会会员企业提供了更好的服务。目前，协会已经成立11个"一带一路"境外联络处，覆盖了50个国家，为会员企业海外工程提供了很多帮助，其影响力逐步扩大。

二、海外工程人文交流的特色与经验

中国施工企业管理协会是一个半官方的社会组织，这一特殊的组织形式，使其参与"一带一路"工程科技人文交流时具有不同于其他社会组织的典型特点。

（一）人文交流特色

从背景和内容可以看出，中国施工企业管理协会是典型的半官方组织。第一，这种组织的特点是由政府官员，甚至是国家领导人担任领导职务。因此，中国施工企业管理协会不同于一般的非政府组织，后者没有政府官员担任领导职务，但也不同于政府部门，因为政府部门的工作更多着眼于服务国家利益。这种介于政府和民间的半官方性质决定了它在"一带一路"建设中的特殊作用。

第二,从案例可以发现,相比于其他非政府组织,中国施工企业管理协会的制度构建比较完善,半官方色彩带来的优势使其可以在利用国际资源方面更胜一筹。同时,它往往比其他非政府组织更具有合法性,更容易参与到国际行动中去。另一方面,虽然具有官方色彩,但是它毕竟从事的是非官方的事务,因此又可以从非政府的层面充分展示中国政府的良好形象。

第三,类似的半官方组织更能充分整合资源,凝聚合力,加快培育工程建设行业国际合作与竞争新优势。因为半官方组织更容易获得政府部门的支持,他们可以更快地获取相关资源,形成更权威的凝聚合力,以加强与境内外企业的交流合作。甚至,他们可以整合海外优势资源,建立资源共享平台,推进国际合作。

(二) 人文交流经验

协会不断提升服务水平,积极扎实地开展各项工作,取得了良好的成绩。其主要人文交流经验如下。

第一,贯彻落实"一带一路"倡议,帮助会员企业更好地"走出去",成立"一带一路"工作联络部,制定管理办法,建立工作机制。"一带一路"工作联络部的工作职责是:宣传、贯彻国家"一带一路"战略方针、政策和法规;按照协会《章程》规定,依托"走出去"企业,设立境外联络处,并指导其开展工作;收集"一带一路"沿线国家的基本信息,统计"走出去"企业经营情况,发布相关报告;为会员企业搭建"走出去"和"引进来"交流合作平台,组织境内外交流活动;为会员企业"走出去"提供咨询服务;为"走出去"会员企业提供政策、法律、金融、安全、医疗等培训;组织"走出去"企业开展评先创优活动等。

第二,依托"走出去"的会员企业建立了港澳、东南亚、南亚、中亚、中东、东欧、西欧、东非、西非、南非和北非 11 个境外工作联络处。境外联络处是协会贯彻落实"一带一路"战略赋予非政府组织的要求,推动国际交流、服务"走出去"企业的境外分支机构。其主要职能是:调查研究行业"一带一路"前瞻性及热点难点问题,向政府反映企业呼声和政策建议;宣传贯彻"一带一路"相关政策和沿线国家法律法规、行业规范;收集、整理、分析、提供"一带一路"建设发展动态和信息；加强行业自律，引导海外企业合规经营，公平竞争；为海外企业提供法律咨询和法律援助，维护合法权益；总结推广海外施工企业先进管理经验；促进海外新技术、新工艺、新流程、新装备和新材料在行业内的推广应用。

第三，参与国家发展改革委"'一带一路'建设面临的风险及对策"专题调研，完成了发改委法规司委托的"推进'一带一路'战略法治保障体系研究"课题任务。

三、海外人文交流展望及建议

中国施工企业管理协会的主要经验更多地集中在对中国标准的推广和制定上，而标准的联通是"一带一路"工程科技人文交流的重要内容。现阶段，"一带一路"沿线很多国家都还处于发展中阶段，经济水平不高，工业化进程较慢，使用的工程标准多为发达国家成熟的标准。中国工程企业要想进入"一带一路"沿线国家的市场，就要面对中国工程标准难推广的问题。而这一问题的解决需要社会组织的广泛参与，中国施工企业管理协会应该坚持以标准联通为目标，切实做好企业"走出去"的"润滑剂"。

（案例整理：胡顺顺）

后 记

  "一带一路"倡议是建立在寻求共同利益基础上的人类命运共同体建设，"构建人类命运共同体"理念已经得到联合国广大会员国的普遍认同，彰显了中国对全球治理的巨大贡献。

  本课题"'一带一路'工程科技人才培养与人文交流研究"（2017-ZD-15）是中国工程院重大课题之一，是在孙永福院士、朱高峰院士主持下，在李晓红、周济、胡文瑞等多位管理学部院士，以及吴启迪、余寿文、杨斌、袁驷等多位专家教授以及中国工程院咨询中心的指导下完成的。

  课题主要执行人为王孙禺、乔伟峰；人才培养专题部分主要执笔人为乔伟峰、贾大伟、李晶晶、徐立辉（清华大学、国际工程教育中心）；人文交流专题部分主要执笔人为姚威、胡顺顺（浙江大学中国科教战略研究院）。

  中国空间技术研究院、中交马来西亚东海岸铁路项目、中国中车股份有限公司、中国中铁股份有限公司、中国土木工程集团有限公司、中国石油集团经济技术研究院、国家能源集团、中国石油勘探开发研究院、中国银联、中兴通讯股份有限公司、浪潮电子信息产业股份有限公司、海尔工业智能研究院、中国电力技术装备有限公司、万宝矿产有限公司、中国对外承包工程商会、中国铸造协会和中国施工企业管理协会等多个单位参与了本课题的调研讨论，并提供了案例。

  中国工程院、清华大学、航天五院、北京理工大学、北京化工大学的部分教师和研究生参与了课题的调研和写作，特别是谢维和、史静寰、李越、李曼丽、吴国凯、徐进、田琦、樊新岩、刘玮、范桂梅、谢喆平、张满等专家学者给予了极大的支持；陈国宇、赵晟、沈晔、朱盼、贾美娇、杨茗、常晓涵、胡顺顺等参与了部分章节和案例的写作整理。

在此，一并致以衷心的感谢！

由于我们的水平、时间以及资料来源渠道有限，本课题的研究与梳理难免挂一漏万，内容还须不断补充和修改。我们企盼得到国内外专家的指导，以便日后不断改进。

"'一带一路'工程科技人才培养与人文交流研究"课题组

2022 年 1 月